AF829882

Funktionsbedingungen unabhängiger Verfassungsgerichtsbarkeit

Rechtspolitisches Symposium

Legal Policy Symposium

Herausgegeben im Institut für Rechtspolitik an der Universität Trier
von Alexander Proelß, Thomas Raab und Gerhard Robbers

Band 19

PETER LANG

Alexander Proelß / Thomas Raab (Hrsg.)

Funktionsbedingungen unabhängiger Verfassungsgerichtsbarkeit

PETER LANG

Bibliografische Information der Deutschen Nationalbibliothek
Die Deutsche Nationalbibliothek verzeichnet diese Publikation in der Deutschen Nationalbibliografie; detaillierte bibliografische Daten sind im Internet über http://dnb.d-nb.de abrufbar.

Gedruckt auf alterungsbeständigem, säurefreiem Papier.

ISBN 978-3-631-82634-8 (Print)
E-ISBN 978-3-631-83116-8 (E-Book)
E-ISBN 978-3-631-83117-5 (EPub)
E-ISBN 978-3-631-83118-2 (Mobi)
DOI 10.3726/17356

© Peter Lang GmbH
Internationaler Verlag der Wissenschaften
Frankfurt am Main 2020
Alle Rechte vorbehalten.
PL Academic Research ist ein Imprint der Peter Lang GmbH.

Peter Lang – Frankfurt am Main · Bern · Bruxelles · New York · Oxford · Warszawa · Wien

Das Werk einschließlich aller seiner Teile ist urheberrechtlich geschützt. Jede Verwertung außerhalb der engen Grenzen des Urheberrechtsgesetzes ist ohne Zustimmung des Verlages unzulässig und strafbar. Das gilt insbesondere für Vervielfältigungen, Übersetzungen, Mikroverfilmungen und die Einspeicherung und Verarbeitung in elektronischen Systemen.

Diese Publikation wurde begutachtet.

www.peterlang.com

Vorwort

Das Rechtsstaatsprinzip gehört seit langer Zeit zu den Grundpfeilern demokratischer Verfassungen. Die Überzeugung, dass niemand über dem Gesetz steht, dass die Gleichheit aller vor dem Gesetz, die Bindung aller staatlichen Gewalt an Gesetz und Recht und die Kontrolle dieser Bindung durch unabhängige Gerichte die Grundbedingung für die Gewährleistung von Freiheit und Gleichheit der Bürger und für den Schutz vor staatlicher Willkür ist, hat ein festes Fundament in dem Wertekanon westlicher Demokratien. Dieses Fundament hat in neuerer Zeit auch in Staaten, die als demokratisch eingeordnet werden, Risse bekommen. Die Warnsignale sind vielfältig. Mitunter versucht die staatliche Exekutive, sich die kontrollierenden Gerichte durch Organisationsänderungen oder Austausch der Richter gleichsam „gefügig" zu machen und sich damit einer missliebigen Kontrolle zu entledigen. In anderen Fällen werden Entscheidungen der Gerichte scharf und mit unsachlicher Polemik kritisiert oder gleich ganz ignoriert, wenn sie einem politischen „Mainstream" widersprechen. Die politischen Kräfte in Exekutive und Legislative berufen sich meist darauf, dass sie in freien Wahlen durch eine breite Mehrheit in der Bevölkerung legitimiert seien. Sie bringen damit das Demokratieprinzip, den Primat der Herrschaft des Volkes, gegen das Rechtsstaatsprinzip in Stellung mit der Intention, dem – tatsächlichen oder vermeintlichen – Volkswillen entgegenstehende rechtliche Hürden zu überwinden und damit gleichsam das Prinzip der Legalität unter Hinweis auf die demokratische Legitimität ihres Handelns überspielen zu können.

Die vorstehend skizzierten, vor allem im Kontext der Entmachtung des Verfassungsgerichtshofs in Polen durch die dortige Regierung oder auch durch den offenen Verfassungsbruch der katalonischen Regierung im Rahmen der Unabhängigkeitsbestrebungen zu beobachtenden Entwicklungen ließen im Institut für Rechtspolitik an der Universität Trier die Idee reifen, eine rechtswissenschaftliche Tagung zu organisieren mit dem Ziel, die Systeme der Verfassungsgerichtsbarkeit verschiedener europäischer Staaten zu vergleichen und aufgrund dieses Rechtsvergleichs den Versuch zu unternehmen, wesentliche Bausteine zu identifizieren, die Voraussetzung für eine unabhängige Verfassungsgerichtsbarkeit sind. Eine solche Tagung schien zugleich ein geeigneter Rahmen, um das 70-jährige Jubiläum der rheinland-pfälzischen Landesverfassung aus juristischer Perspektive zu begleiten. Das Institut konnte hierfür als Kooperationspartner den Landtag des Landes Rheinland-Pfalz gewinnen. Die Tagung fand am 20. Oktober 2017 in dem Plenarsaal des Landtags unter dem Titel „Funktionsbedingungen unabhängiger Verfassungsgerichtsbarkeit" statt. Eingeladen waren Referenten aus Frankreich, Polen und Deutschland, und zwar jeweils ein Richter des nationalen Verfassungsgerichts und ein Vertreter der Rechtswissenschaft. Leider gelang es nicht, ein Mitglied des französischen *Conseil Constitutionnel* zu gewinnen. Die Vorträge und die anschließenden Diskussionen illustrierten jedoch auf beeindruckende Weise den Stellenwert einer unabhängigen Verfassungsgerichtsbarkeit und brachten erste Erkenntnisse darüber, welche Bedingungen erfüllt sein müssen, um den Primat der Verfassung gegenüber den übrigen Gewalten zu wahren. Aktualität und Brisanz der Thematik wurden gleichsam nachträglich dadurch unterstrichen, dass der Präsident des Bundesverfassungsgerichts, Prof. Dr. Dres. h.c. *Andreas Voßkuhle*, sie in seinem Vortrag zur Eröffnung des 72. Deutschen Juristentages in Leipzig im Jahre 2018 unter dem Titel „Rechtsstaat unter Druck" aufgegriffen und eindringlich beschrieben hat.

Die Tagung bot so viele Denkanstöße, dass die Direktoren des Instituts sich entschlossen, den Kreis der betrachteten Rechtsordnungen zu erweitern und im Rahmen einer Ringvorlesung in dem institutseigenen Vortragsformat „Rechtspolitisches Kolloquium" Referenten aus weiteren Staaten der Europäischen Union darum zu bitten, ihr jeweiliges nationales System der verfassungsrechtlichen Kontrolle vorzustellen. Diese Ringvorlesung fand im Wintersemester 2018/19 an der Universität Trier statt, und zwar mit Vorträgen zu den Rechtssystemen Griechenlands, der Tschechischen Republik, Spaniens und Norwegens. Die Auswahl der Referenten erfolgte unter Berücksichtigung der unterschiedlichen verfassungsrechtlichen Systeme, wie sie sich in Europa z. T. über Jahrhunderte hinweg entwickelt haben.

Sämtliche Vorträge sind bereits an anderer Stelle veröffentlicht. Die Vorträge der gemeinsam mit dem Landtag Rheinland-Pfalz veranstalteten Tagung in Mainz sind – zusammen mit den anderen Redebeiträgen (Begrüßung, Grußworte) und einem Bericht über die abschließende Podiumsdiskussion – in Band 71 der Schriftenreihe des Landtags abgedruckt. Die Vorträge der Ringvorlesung sind als Hefte 77, 78, 79 und 80 in der institutseigenen Reihe „Rechtspolitisches Forum" veröffentlicht und über die Homepage des Instituts auch online abrufbar (https://www.uni-trier.de/index.php?id=67441). Wir hielten es dennoch für sinnvoll, sämtliche Vorträge zusammenzufassen und in der institutseigenen Schriftenreihe „Rechtspolitisches Symposium" erneut zu veröffentlichen, um einen Gesamtüberblick über die Stärken und Schwächen der unterschiedlichen nationalen Systeme der Verfassungsgerichtsbarkeit zu ermöglichen und die Vorträge auf diese Weise zugleich einem etwas weiteren Leserkreis zugänglich zu machen.

Dabei haben wir uns entschieden, die Vorträge in dem Kontext ihrer Entstehung zu belassen. Den ersten Teil des Bandes bilden daher die Vorträge, die im Rahmen der Tagung im Landtag Rheinland-Pfalz im Oktober 2017 gehalten worden sind. Sie sind in der Reihenfolge abgedruckt, in der sie auf der Tagung gehalten worden sind. In einem Punkt weicht die vorliegende Veröffentlichung von derjenigen in der Schriftenreihe des Landtags ab. Die Vorträge von Herrn Prof. Dr. *Mathieu Disant* und Herrn Richter am Verfassungsgerichtshof a.D. Prof. Dr. *Piotr Tuleja* wurden im Rahmen der Tagung in der Muttersprache der Referenten gehalten und simultan für die Teilnehmer in die jeweiligen anderen Konferenzsprachen (Französisch, Polnisch, Deutsch) übersetzt. Für den Tagungsband wurde eine schriftliche deutsche Übersetzung erstellt und nur diese abgedruckt. Für die vorliegende Veröffentlichung haben wir uns dazu entschlossen, die Vorträge zusätzlich mit dem von den Referenten erstellten Originaltext, also in französischer und polnischer Sprache, abzudrucken, damit diejenigen, die dieser Sprache mächtig sind, den Vortrag in der von den Referenten selbst autorisierten (und damit von etwaigen Übersetzungsfehlern befreiten) Fassung lesen können.

Der zweite Teil enthält die Vorträge der Ringvorlesung an der Universität Trier im Wintersemester 2018/19. Sie sind in der chronologischen Reihenfolge abgedruckt, in der sie an der Universität gehalten worden sind. Außer dem Vortrag des tschechischen Kollegen JUDr. PhDr. *Jan Wintr* sind alle Vorträge in Englisch gehalten worden. Hier haben wir die Vorträge in der Originalsprache belassen und von einer Übersetzung abgesehen.

Sämtliche Vorträge befinden sich auf dem Stand des Erstabdrucks, sind also für den vorliegenden Band nicht aktualisiert worden. Dies schien uns – auch nach Absprache mit den Referenten – im Hinblick auf die unveränderte Aktualität der in ihnen enthaltenen inhaltlichen Aussagen nicht erforderlich.

Wir bedanken uns bei allen Beteiligten, vor allem natürlich bei allen Referenten, für die inspirierenden Vorträge. Ihnen und dem Landtag Rheinland-Pfalz danken wir zusätzlich für die Zustimmung zur Zweitveröffentlichung. Unser Dank gilt nicht zuletzt dem Team des Instituts für Rechtspolitik, insbesondere den (aktuellen und ehemaligen) wissenschaftlichen Mitarbeitern Frau Ref. iur. *Camilla Haake*, Frau Ref. iur. *Linda Lieber* und Herrn Ass. iur. *Thomas Kemper*, Herrn Ref. iur. *Dominic Poster*, Frau Ass. iur. *Wiebke Reinke*, Herrn Ref. iur. *Markus Weber* sowie unserer Sekretärin Frau *Claudia Lehnen*, für die Organisation der Tagung und der anschließenden Ringvorlesung sowie für die Betreuung der Manuskripte und die Hilfe bei der Veröffentlichung dieses Bandes.

Trier, im Dezember 2019
Alexander Proelß
Thomas Raab

Inhaltsverzeichnis

Autorenverzeichnis

Prof. Dr. Xabier **Arzoz** LL.M. (Saarbrücken)	Universität des Baskenlandes (UPV/ EHU), Bilbao, Wissenschaftlicher Mitarbeiter am spanischen Verfassungsgericht
Prof. Mathieu **Disant**	Universität Lyon Saint-Etienne (Jean Monnet), Direktor des „Centre de Recherches critiques sur le Droit“ (CERCRID, UMR CNRS 5137)
Peter **Müller**	Richter des Bundesverfassungsgerichts, Ministerpräsident des Saarlandes a.D.
Prof. Dr. Kyrill-Alexander **Schwarz**	Julius-Maximilians-Universität zu Würzburg, Institut für Staats- und Verwaltungsrecht, Rechtsphilosophie
Prof. Dr. Dr. h.c. mult. Eivind **Smith**	Universität Oslo
Prof. Dr. Piotr **Tuleja**	Jagiellonen-Universität Krakau, Richter des polnischen Verfassungsgerichts a.D.
Prof. Dr. Spyridon **Vlachopoulos**	Universität Athen
doc. JUDr. PhDr. Jan **Wintr**, Ph.D.	Karlsuniversität Prag, Mitglied des Legislativrats der tschechischen Regierung
Prof. dr hab. Fryderyk **Zoll**	Universität Osnabrück, Jagiellonen-Universität Krakau

Teil 1:
„Funktionsbedingungen unabhängiger Verfassungsgerichtsbarkeit“

Vorträge der gemeinsamen Tagung des Landtags Rheinland-Pfalz und des Instituts für Rechtspolitik an der Universität Trier

20. Oktober 2017

Mathieu Disant

L'indépendance du Conseil constitutionnel. Lecture et pratique françaises de la justice constitutionnelle*

1. Introduction

Le thème de l'indépendance des Cours constitutionnelles est crucial et complexe. Il est évident que l'indépendance de la juridiction constitutionnelle – plus largement, de toute juridiction – par rapport aux pouvoirs législatif et exécutif constitue la base de l'Etat de droit. L'indépendance de la juridiction relève de l'identité même d'un régime démocratique. Il est tout aussi évident que, selon les circonstances du pays en cause, ces mêmes pouvoirs exécutif et législatif peuvent parfois exercer, ou tenter d'exercer, des pressions sur la juridiction constitutionnelle, compte tenu du rôle qui est le sien et de son pouvoir d'annuler des actes provenant de ces pouvoirs. C'est là une propension naturelle que nos systèmes se sont efforcés de canaliser.

Indépendance, du latin *dependere*, signifie l'absence de subordination. Elle renvoie à la situation d'un organe public auquel son statut assure la possibilité de prendre ses décisions en toute liberté et à l'abri de toutes instructions, pressions, contraintes ou entraves. A cet égard, l'indépendance de l'autorité judiciaire est un élément commun du constitutionnalisme moderne, qu'elle soit expressément affirmée dans la Constitution, ou qu'elle découle du statut de l'indépendance des juges (c'est le cas en Belgique par exemple). Elle est inscrite, en France, à l'article 64 de la Constitution pour l'autorité judiciaire, et résulte d'un « principe fondamental reconnu par les lois de la République » s'agissant du juge administratif. Le Conseil constitutionnel en assure la protection à travers les différentes déclinaisons des fonctions juridictionnelles, en élargissant son ancrage avec l'article 16 de la Déclaration de 1789, lequel protège la garantie des droits.

Dès qu'on l'analyse de près, l'indépendance des juridictions soulèvent de très nombreux aspects conceptuels, techniques et pratiques – je dirai aussi humains car l'indépendance étant avant tout une vertu. C'est vrai pour l'indépendance des juridictions en général (ce qui inclut les systèmes diffus de contrôle de

* Schriftliche Fassung des Vortrags, den der Autor bei der Tagung „Funktionsbedingungen unabhängiger Verfassungsgerichtsbarkeit" am 20. Oktober 2017 gehalten hat.

constitutionnalité), ça l'est plus encore pour la juridiction constitutionnelle en particulier, surtout dans les systèmes concentrés, compte tenu de la place singulière qu'une telle institution occupe dans le système juridique, politique et juridictionnel.

Je crois qu'on ne peut faire l'économie d'une appréhension exacte de ce que signifie, dans nos systèmes respectifs, « indépendance ». Non seulement pour en examiner le double aspect: statutaire et fonctionnel. Mais aussi pour analyser ce qui se fait en son nom, et les difficultés à évaluer le degré d'indépendance en tant qu'indicateur du progrès – ou pas – de la justice constitutionnelle dans nos démocraties. C'est le chantier auquel le présent rapport entend modestement contribuer.

L'entreprise n'est pas facile. Elle est d'autant plus importante. Pour tenter d'y contribuer, j'insiste immédiatement sur trois points.

Premièrement, on ne peut vraisemblablement se contenter de la proclamation, par les cours elles-mêmes, de leur indépendance, affirmation parfois aussi bruyante que fausse. A l'inverse, il faut prendre avec distance les propos parfois alarmistes ou catégoriques analysant toute action de la cour à travers ce rapport de « dépendance » des pouvoirs, ou limitant l'indépendance à une considération syncrétique et définitive. En France, nous connaissons cette tendance quelque peu sommaire, poussant certains à considérer que les modalités de nomination des membres du Conseil constitutionnel seraient définitivement et résolument – c'est-à-dire par elles-mêmes – incompatibles avec l'indépendance due à une véritable cour constitutionnelle.

Deuxièmement, le corpus juridique de l'indépendance des juridictions constitutionnelles s'est considérablement densifié, particulièrement en Europe. A côté et avec l'indépendance, se développe des exigences connexes, désormais bien connues, telles l'impartialité des juridictions et la neutralité du juge, s'agissant de toutes les hypothèses où la question de constitutionnalité est posée au cours d'une instance ayant un caractère civil ou pénal au sens de la jurisprudence européenne. Pour le juriste, ces notions ne sont pas équivalentes bien entendu, mais elles sont des vecteurs de l'indépendance. Elles renouvellent la problématique en affinant les situations où elle pourrait être prise à défaut, ou en posant des obligations « miroir » de l'indépendance.

Ces quelques précisions faites, il m'appartient d'analyser la situation française. Ce qui revient à évoquer, si j'ose dire, la « lecture française » de l'indépendance de la justice constitutionnelle. Pour respecter le cahier des charges qui m'a été confié, je vais examiner les exigences formelles et fonctionnelles qui doivent être observées en vue de préserver l'indépendance du Conseil constitutionnel. J'évoquerais, sous forme de quelques observations, les conflits potentiels (en particulier avec le pouvoir exécutif et le pouvoir législatif) et les stratégies mises en place en France pour empêcher ou résoudre de tels conflits.

Je dirai immédiatement que ces mesures présentent une réelle efficacité, dans la mesure où aujourd'hui personne, en France, ne conteste sérieusement l'indépendance réelle du Conseil constitutionnel par rapport tant au pouvoir exécutif qu'au pouvoir législatif. Pour en témoigner, il existe de nombreuses décisions de censure, *a priori* et *a posteriori*, portant sur des dispositions auxquelles le pouvoir s'est montré attaché. En outre, toutes les études minutieuses montrent que le contrôle opéré par le Conseil constitutionnel, comme les politiques jurisprudentielles qu'il développe, ne sont pas influencés par la situation politique, ou altérés par les alternances.

De même, les décisions rendues par le Conseil constitutionnel dispose d'une autorité absolue consacrée par la Constitution, dans son article 62, aux termes duquel: « *Les décisions du Conseil s'imposent aux pouvoirs publics, à toutes les autorités administratives et juridictionnelles* ». Cette disposition est appliquée par l'ensemble des autorités visées, pour tous les effets des décisions constitutionnelles, dans des conditions qui reflètent le respect de l'indépendance du Conseil constitutionnel.

De sorte que l'indépendance du Conseil constitutionnel semble aujourd'hui bénéficier heureusement d'un certain équilibre, jamais parfait évidement, et toujours en redéfinition, mais globalement efficace. C'est d'autant plus remarquable que cela procède d'une émancipation de l'institution au regard de la vision initiale qui, en 1958, en faisait l'outil de défense de l'exécutif.

Pour comprendre les modalités de cet équilibre auquel le système français est parvenu aujourd'hui, je vais tenter de répondre à quatre questions.

2. Comment l'indépendance est-elle affirmée?

L'affirmation expresse, dans la Constitution ou dans d'autres textes, de l'indépendance de la juridiction constitutionnelle n'est pas usuelle. Dans l'espace francophone, pour les pays qui connaissent une juridiction constitutionnelle spécialisée, elle est même assez rare. En réalité, le plus souvent, cette indépendance ressort des affirmations selon lesquelles les décisions de la Cour constitutionnelle sont définitives et s'imposent à tous les pouvoirs. C'est le cas en France, où l'on ajoute depuis la décision du Conseil constitutionnel du 9 juillet 2008, que l'indépendance de la juridiction a une valeur constitutionnelle en tant que corollaire du principe de la séparation des pouvoirs. Cette consécration solennelle a donc moins de dix ans, formulée à l'époque où le Conseil constitutionnel se préparait à célébrer ses 50 ans! Cette décision a été rendue à l'occasion du contrôle d'une loi organique relative à ses archives. Il en résulte, notamment, la détention d'un pouvoir normatif d'autorégulation – j'y reviendrai.

Il est essentiel de rappeler, à ce stade, le rôle limité qui avait été initialement confié à cette institution par le Constituant français et l'imprécision de son statut, taillé sur mesure pour ne institution aux multiples compétences, d'abord orientée vers la mise en œuvre des règles de la rationalisation du parlementarisme. Cela rejoint l'histoire tourmentée de la justice constitutionnelle en France. Cela souligne l'ambigüité originelle du terme « Conseil », relativement imprécis et pouvant, à dessein, être utilisée dans un contexte tant juridique que politique. N'étant pas nommée « Cour » ou « Tribunal », il n'a pas été indiscutablement conçu comme un élément de l'autorité judiciaire. N'étant pas, pour autant, qualifié de « Comité » (référence à l'institution misérable qui a précédé sous la IVème République), il n'était pas cantonné à des fonctions pseudo-arbitrales et secondaires. Il n'était donc pas interdit d'envisager ces fonctions comme un office juridictionnel, ce qui sera longtemps discuté au début de la Vème République, mais qui adviendra de façon de plus en plus manifeste, au point de ne plus prêter discussion sérieuse aujourd'hui, particulièrement depuis l'instauration de la QPC.

Mais on comprend ainsi combien, dans le système français, il a fallu que cette indépendance s'impose, *en tant que juridiction*. Le fonctionnement du Conseil constitutionnel a longtemps brillé par son opacité, et nourrissait dans une certaine mesure la remise en question de la réalité de son caractère juridictionnel. C'était dû à un statut quelque peu ambigu et à une organisation interne à l'origine rudimentaire, qui se sont progressivement rapprochés des standards d'une juridiction. La question de l'indépendance n'a pris son sens qu'au gré de cette évolution de l'institution, lorsqu'elle est devenue une condition majeure de l'équilibre des pouvoirs.

Dans ces conditions, l'affirmation de l'indépendance du Conseil constitutionnel procède fondamentalement de l'évolution de ces deux aspects, que je vais évoquer successivement, le premier concerne l'élaboration d'un statut des membres du Conseil, le second est relatif à la compétence d'auto-organisation de l'institution.

3. Comment le statut des membres du Conseil constitutionnel garantit-il l'indépendance?

Ce statut énumère les exigences pesant sur les membres au cours de leur mandat, leurs droits et obligations. Il est en partie défini par l'ordonnance du 7 novembre 1958 portant loi organique relative au Conseil constitutionnel, plusieurs fois modifiée et, à titre complémentaire, par un décret du 13 novembre

1959 relatif aux obligations des membres du Conseil constitutionnel. Ce statut est globalement très protecteur et comporte des garanties d'indépendance qui s'alignent sur ce qui existe dans la plupart des juridictions constitutionnelles étrangères comparables. Il comporte des prérogatives et des contraintes concomitantes, deux types de normes concourant, de façon complémentaire, à l'indépendance de leur office.

3.1. Au titre des prérogatives, il convient de recenser plusieurs éléments, un faisceau de règles toutes importantes à des niveaux différents.

Primo, pour entrer en fonction, les membres nommés doivent prêter serment au Palais de l'Elysée, devant le Président de la République, le Président du Sénat, le Garde des Sceaux et le Secrétaire général du gouvernement et les autres membres du Conseil constitutionnel. Au terme d'un bref cérémonial, ils jugent de « *bien et fidèlement remplir leurs fonctions et de les exercer en toute impartialité dans le respect de la Constitution ainsi que de garder le secret des délibérations et des votes et de ne prendre aucune position publique, de ne donner aucune consultation sur les questions relevant de la compétence du Conseil constitutionnel* ». Les membres de droit ne sont pas soumis à cette obligation de serment. Ce serment est un peu la caution symbolique de l'indépendance des membres du Conseil, et fait écho au rang protocolaire. Elle renvoie à des obligations qui pèsent sur les membres au nom de l'indépendance – j'y reviendrai.

Deusio, le mandat n'est pas renouvelable. Cela est inscrit à l'article 56 de la Constitution, et conforme aux enseignements du droit comparé. Le mandat est d'une durée de 9 ans, dans la moyenne des mandats des autres juges constitutionnels européens, mais le plus long mandat qui existe aujourd'hui sous la Vème République. L'inamovibilité et l'impossibilité de renouveler le mandat des membres, couplée à la durée longue d'exercice, et bien sûr l'absence de responsabilité à l'égard des autres pouvoirs, est surement la garantie la plus forte de l'indépendance des membres, afin notamment d'éviter que les membres subissent les pressions de la part de leur autorité de nomination. Sur ce point, une question d'interprétation de la Constitution n'est pas définitivement réglée: le renouvellement est-il interdit temporairement ou définitivement? Si l'on retient qu'une telle interdiction est d'interprétation stricte, il serait possible de considérer qu'un renouvellement est possible après l'écoulement d'une période d'au moins 9 ans. Mais cela ne s'est jamais produit et il semble peu probable que ce soit le cas.

Tertio, qu'il nous soit permis d'évoquer le régime indemnitaire des membres du Conseil constitutionnel, et plus globalement les bonnes conditions matérielles d'exercice, de nature à soustraire à toutes fâcheuses tentatives. Techniquement, les membres perçoivent une indemnité et non un traitement (car ils ne sont pas assimilés à des fonctionnaires). L'indemnité est alignée sur le plus haut régime indemnitaire des catégories supérieures des emplois de l'Etat.

3.2. Ces diverses prérogatives font écho aux contraintes qui pèsent sur les membres du Conseil constitutionnel au nom de l'indépendance. Celles-ci se traduisent principalement par l'application d'un régime strict d'incompatibilités, et par une obligation de réserve à laquelle les membres sont tenus.

3.2.1. En premier lieu, la première de ces contraintes, qui est aussi une disposition protectrice, est le régime des incompatibilités auquel sont soumis les membres du Conseil constitutionnel. Ce régime est prescrit par l'article 57 de la Constitution, complété par l'ordonnance du 7 novembre 1958. A l'origine peu contraignant, il a été progressivement durci, notamment par la loi organique du 19 janvier 1995, prise en application de certaines propositions issues du comité consultatif présidé par le Doyen Vedel en 1993, et plus récemment par la loi organique n° 2013-906 du 11 octobre 2013 relative à la transparence de la vie publique.

Il en résulte une interdiction stricte (valable aussi pour les membres de droit) de cumul avec les fonctions de ministre ou de membre du Parlement, de poste de responsabilité ou de direction au sein d'un parti politique, de mandat électoral, de fonction de conseil ou l'exercice de toute fonction publique et de toute autre activité professionnelle ou salariée. Ces interdictions n'ont pas qu'une valeur purement nominale, elles peuvent déboucher sur des sanctions effectives. En cas de difficulté, le Conseil statue sur la compatibilité entre la qualité de membre et l'activité en cause. En cas de manquement à l'une des obligations résultant de son statut, un membre du Conseil peut être démis ou mis en congés d'office, en application de l'article 10 de l'ordonnance de 1958, sur décision du Conseil lui-même.

Ce statut contraignant a vocation à couper tous les membres du Conseil constitutionnel du monde partisan, auquel – il est vrai – certains ont voué l'essentiel de leur vie. De ce point de vue, l'appartenance de droit des anciens présidents de la République au Conseil constitutionnel a soulevé une polémique juridique dans l'hypothèse d'une nouvelle candidature à la présidence – ce fut le cas lors des dernières primaires avec Nicolas Sarkozy, du fait de l'incompatibilité de la fonction de juge constitutionnel avec tout mandat électif. Comme l'autorise la Constitution, on peut quitter l'Elysée et vouloir y revenir!

Le législateur organique a récemment rendu plus sévère le régime des incompatibilités applicable aux membres du Conseil constitutionnel, en le calquant sur celui applicable aux magistrats judiciaires[1], là où il était plutôt aligné sur le régime applicable aux membres du Parlement. Cette évolution témoigne d'ailleurs de l'aboutissement du caractère juridictionnel du Conseil constitutionnel.

En outre, les membres du Conseil constitutionnel peuvent être amenés à se déporter, s'ils estiment que leur impartialité est en cause. Les parties à la procédure QPC peuvent également formuler une demande de récusation d'un membre du Conseil constitutionnel. Sauf si ce dernier y fait droit, cette demande est examinée par le collège hors la présence du membre dont la récusation est demandée.

3.2.2. En second lieu, les membres du Conseil constitutionnel sont tenus à une obligation de réserve.

Le contenu de cette obligation ressort du serment précité: garder le secret des délibérations et des votes. Les membres doivent catégoriquement s'abstenir de toute prise de position publique, sur toute affaire en cours bien sûr, mais aussi sur toute affaire susceptible d'être un jour portée à la connaissance du Conseil – ce qui, dans le cadre de la QPC, élargit grandement l'obligation.

L'obligation de réserve se poursuit, en princip, même après la fin du mandat, mais la pratique est sur ce point variable. L'obligation courre jusqu'à la publication des archives du Conseil constitutionnel, laquelle intervient dans un délai de 25 ans.

C'est une obligation comparable à celle qui pèse sur tout magistrat, dans le but s'assurer l'indépendance et la dignité des juges en même temps que l'autorité de leurs décisions. En pratique, cette obligation pèse principalement sur l'écrit, mais un peu moins sur la parole. De toute évidence, tous ne se sentent pas également liés par cette obligation, dont les contours demeurent imprécis par nature. Le premier des présidents du Conseil constitutionnel, Léon Noel, a décidé de rompre en 1976 le secret, en révélant par exemple les conditions de majorité de la décision du 6 novembre 1962 relative au référendum sur l'élection du président de la République au suffrage universel direct, ou que le maintien par le Général de Gaulle de l'application de l'article 16 de la Constitution après les évènements d'Algérie avait passé outre les recommandations du Conseil.

Là encore, en cas de méconnaissance de cette obligation de réserve, seul le Conseil constitutionnel est habilité à la sanctionner. Les membres du Conseil

1 Modification de l'article 4 de l'ordonnance n° 58-1067 du 7 novembre 1958 portant loi organique sur le Conseil constitutionnel résultant de la loi organique n° 2013-906 du 11 octobre 2013 relative à la transparence de la vie publique.

constitutionnel ne peuvent être démis de leurs fonctions. Le Conseil est le seul juge du mandat de ses propres membres, ce qui constitue une sérieuse garantie d'indépendance. Cette possibilité n'a jamais été formellement mise en œuvre. Elle a toutefois été envisagée, dans un autre temps, lors de la mise en examen du Président du Conseil constitutionnel alors en exercice, Roland Dumas, le 29 avril 1998, dans la suite d'affaires liées à ses précédentes fonctions de ministre des Affaires étrangères. Après avoir dans un premier temps refusé de démissionner au bénéfice de la présomption d'innocence, Monsieur Dumas s'est volontairement mis en congé de la présidence du Conseil le 23 mars 1999 après que le dossier d'instruction le concernant ait été transmis au Parquet. Cinq des membres du Conseil (Mme Veil, Mme Lenoir, M. Guéna, M. Mazeaud, M. Ameler) lui avaient demandé la veille par écrit de « prendre du recul ». Le 29 février 2000, il démissionnera, sur le « conseil » des membres du Conseil constitutionnel.

4. Comment l'indépendance se manifeste-t-elle à travers la compétence d'auto-organisation de l'institution?

Comme nombre de juridictions constitutionnelles, le Conseil constitutionnel bénéficie d'une triple autonomie: réglementaire, financière et administrative.

4.1. En premier lieu, le Conseil contitutionnel dispose d'un pouvoir normatif en tant qu'institution. C'est la manifestation d'une compétence d'auto-organisation qui s'observe, avec des traits communs, devant les autres Cours constitutionnelles lorsqu'elles élaborent leurs règlements internes. Ce pouvoir trouve son fondement dans la considération que le Conseil constitutionnel est un pouvoir constitutionnel à part entière, en dehors des trois pouvoirs traditionnels de l'Etat (pouvoirs exécutif, législatif, juridictionnel). On le sait, ces normes n'ont pas une vocation purement interne, ce qui les distinguent de mesures d'ordre intérieur. Les règlements d'une Cour constitutionnelle ont des effets « externs », dès lors qu'ils s'appliquent à des sujets ou à des situations extérieures à l'institution.

Le principe constitutionnel d'indépendance, tiré lui-même de la séparation des pouvoirs, constitue le fondement matériel de ce pouvoir normatif d'auto-organisation. L'autonomie normative est ainsi la conséquence, autant que la condition, de l'indépendance reconnue à la juridiction constitutionnelle dans le système étatique. Les règlements découlent directement de la Constitution. De sorte qu'une Cour constitutionnelle n'a pas à être expressément habilitée par une législation formelle pour en disposer, ainsi que le montre le cas allemand sur lequel le Conseil français s'est inspiré. Ces règlements occupent ainsi un rang, dans la hiérarchie des normes, équivalent à celui de la loi.

Dans la mesure où il conditionne l'indépendance de l'institution, trois domaines sont réservés au pouvoir normatif d'auto-organisation de la Cour constitutionnelle: l'administration, les finances et la procédure. Sont en principe exclus les règlements touchant directement au statut de la Cour ou celui des juges, ou encore les règlements visant à étendre ses compétences.

Sous ces réserves quant à son contenu, l'adoption et l'élaboration de tels règlements sont à la discrétion de l'institution. Celle-ci peut donc déroger au droit commun au profit de ses propres règlements. Le Conseil constitutionnel dispose ainsi d'une réserve de compétence. On précisera simplement qu'une délibération des membres du Conseil, siégeant en formation non contentieuse, est nécessaire pour adopter un tel règlement. Mais le nombre, la présentation (règlement général ou règlements spécifiques par domaines…), comme les modalités éventuelles d'application de ces règlements sont libres. Contrairement à l'Allemagne ou l'Italie, la France ne connait pas de commissions spécialisées à cette fin. Précisons que les règlements du Conseil constitutionnel doivent être publiés au Journal Officiel de la République. Ils sont peu nombreux et peu diserts. Pour la procédure contentieuse, trois règlements internes de procédure sont à relever.

4.2. En deuxième lieu, l'autonomie financière est une garantie indispensable d'indépendance.

La question de la détermination du budget est l'une des plus importantes concernant les juridictions constitutionnelles, étant donné qu'il leur assure une indépendance matérielle. En droit comparé, particulièrement dans l'espace francophone, le budget des juridictions constitutionnelles est souvent intégré au budget de l'Etat, discuté au Parlement, et son exécution est contrôlée soit par la Cour des comptes, soit par un délégué du service du Trésor public. C'est d'ailleurs un élément inconfortable, régulièrement pointé par les cours dans les pays dont l'installation est fragile.

La France fait cependant exception à cette règle, en retenant une indépendance stricte. Le budget du Conseil constitutionnel français n'est pas discuté devant l'Assemblée nationale, et ne subit aucun contrôle financier *a posteriori*.

Certes, l'autonomie financière du Conseil constitutionnel n'est expressément mentionnée dans aucun texte, mais il est clairement reconnu qu'il bénéficie d'une autonomie financière similaire à celle du Parlement ou de la présidence de la République, en tant que pouvoir constitutionnel de l'État.

Concrètement, le Conseil constitutionnel établit lui-même son budget et les crédits nécessaires à son fonctionnement, sans discussion, ni modification par le Parlement. Le projet de budget est élaboré par le service financier et administratif du Conseil, et fixé par son président. La dotation est inscrite au budget général. Elle figure au sein du budget de charges communes, au titre de la mission dénommée « Pouvoirs publics ». Le montant du budget n'est pas discuté devant le Parlement lors de l'adoption de la loi de finances. Autrement dit, l'insertion du budget dans la loi des finances ne constitue qu'une mesure d'enregistrement.

De même, le Conseil constitutionnel n'est assujetti à aucun contrôle, mais, il a décidé en 2005 de rendre publiques les données budgétaires sur son site internet. Un membre de la cour des comptes lui apporte un concours technique et déontologique, sans exercer aucune fonction juridictionnelle. Les données relatives aux autorisations budgétaires sont évidemment publiques et facilement accessibles. A titre d'information, le budget du Conseil constitutionnel est relativement modeste quoiqu'en augmentation, il s'élève à 10 millions d'euros en 2016, 13,6 M€ en 2017.

4.3. En troisième et dernier lieu, une administration interne autonome, stable et efficace est une condition pratique d'indépendance. Comme toute Cour constitutionnelle, le Conseil constitutionnel administre l'ensemble de ses services et son personnel. Il décide de façon autonome de son organisation et de son fonctionnement interne.

Il a consacré à cet égard un principe de valeur constitutionnelle d'indépendance du Conseil constitutionnel[2], qu'il tire de l'ensemble des dispositions du titre VII de la Constitution.

L'administration du Conseil constitutionnel est relativement réduite. Elle est de l'ordre d'une soixantaine de personnes, toutes tâches confondues, détachées de leur administration d'origine ou recrutées par voie contractuelle. C'est limité au regard des autres Cours constitutionnelles. Et c'est pourtant constant, les effectifs internes n'ayant pas été sensiblement augmentés depuis l'instauration de la QPC.

Seuls les postes de Secrétaire général et de Trésorier sont prévus par les textes. Le décret n° 59-1293 du 13 novembre 1959 dispose que le Secrétaire général « prend les mesures nécessaires à la préparation et à l'organisation des travaux du Conseil ». Le Secrétaire général est nommé par le Président de la République sur proposition du Président du Conseil constitutionnel. Il est traditionnellement choisi parmi les membres du Conseil d'Etat, ce qui a favorisé l'introduction des pratiques contentieuses du voisin du Palais Royal, y compris

---

2 Décision précitée n° 2008-566 DC du 9 juillet 2008, s'agissant du régime spécifique accordé au traitement de ses archives.

celles de l'indépendance de la juridiction. Il exerce un rôle important, essentiel au fonctionnement de l'institution et impliqué dans son office, comparé parfois à une sorte de « 10ème member ».

L'office du Secrétaire général du Conseil constitutionnel peut être envisagé comme un corps neutre, voire indépendant, dans le procès constitutionnel, si l'on prend au sérieux la fonction de « commissaire de la Constitution », à certains égards comparable à un rapporteur public. Il est tout à fait permis de se demander si le Secrétaire général du Conseil constitutionnel n'a pas exercé dans les faits, au moins jusqu'à une période récente, un tel office dans la distribution interne des rôles. Et s'il ne serait pas utile d'envisager, comme telle, la définition formelle de ses fonctions. Qu'on l'approuve ou qu'on le déplore, le Secrétaire général du Conseil constitutionnel a toujours exercé une fonction spécifique dans l'élaboration, la diffusion et la préservation de la jurisprudence constitutionnelle. L'hypothèse de l'assimilation de son rôle avec celui du commissaire du gouvernement (aujourd'hui « rapporteur public ») dans le procès administratif a été soufflée par le Président Braibant, s'inspirant lui-même de la proposition de Léo Hamon, visant à instituer un « représentant du doit » à la fois pour « mieux éclairer sur le sens de la decision » et pour « ouvrir un certain espace de dialogue (...) qui permettrait le progrès ultérieur de la jurisprudence »[3]. C'est ce qu'il a souvent été. Particulièrement pour préserver la cohérence de la jurisprudence constitutionnelle et s'inscrire, en ce sens, dans une démarche de participation neutre, toute auréolée sans doute de cette neutralité plus ou moins effective et habilement entretenue. Le doyen Vedel pouvait ainsi écrire à propos de Bruno Genevois que le secrétaire général « est non seulement la mémoire du Conseil mais, dans une certaine mesure, sa conscience »[4].

Pour ce qui nous concerne ici, je tiens à insister sur un dernier point.

Les membres du Conseil constitutionnel n'ont pas de collaborateurs personnels ou de référendaires attitrés. Ils sont assistés par les services de l'institution, en particulier le service juridique. Le Conseil constitutionnel fonctionne ainsi sur un principe d'unité dans l'organisation des services, ce qui présente notamment le mérite de préserver l'unité de la jurisprudence. A cet égard, je précise

---

3 *G. Braibant*, « Faut-il réformer le Conseil constitutionnel? », Débats in Le Conseil constitutionnel a 40 ans, LGDJ, 1999, spéc. p. 201. Sur la figure du secrétaire général du Conseil constitutionnel comme figure de « commissaire de la Constitution », qu'il nous soit permis de renvoyer à *M. Disant*, L'autorité de la chose interprétée par le Conseil constitutionnel, LGDJ, 2010, pp. 179 et s.

4 *G. Vedel*, « Témoignages d'anciens du Conseil constitutionnel », in Le Conseil constitutionnel a 40 ans, LGDJ, 1999, p. 66.

que l'expression publique des opinions dissidentes n'est pas admise en France. La tradition juridique française considère cette non-admission comme une garantie d'indépendance. Indépendance rime ainsi avec unité et collégialité. Ce type de fonctionnement, associé au devoir de réserve est, de fait, envisagé comme une source d'indépendance pour la juridiction française. Elle repose sur l'idée que si les décisions des juges ne sont plus unitaires, des pressions individuelles pourraient être exercées sur les membres de la Cour afin qu'ils orientent leurs positions dans un sens ou dans un autre.

5. Où demeure-t-il, en définitive, des risques ou situations de dépendance?

La suspicion ne pèse pas sur l'éthique des membres eux-mêmes. L'indépendance des membres du Conseil constitutionnel n'est pas douteuse. On peut tout au plus déplorer la pratique de nominations ou de promotions de membres du Conseil dans l'ordre de la Légion d'honneur ou du Mérite durant l'exercice de leurs fonctions. Cette pratique a d'ailleurs été déplorée par certains présidents du Conseil constitutionnel. Mais peut-être est-ce une faiblesse culturelle française.

Si l'indépendance du Conseil constitutionnel accuse des failles, celles-ci se focalisent sur trois éléments.

D'une part, la composition du Conseil constitutionnel, et en particulier la présence de membres de droit que sont les anciens présidents de la République. C'est une situation aussi inédite que critiquable et anachronique en raison du rôle désormais acquis par le Conseil. Leur présence génère des faiblesses dans l'application des règles que j'ai précédemment évoquées. Par exemple, les membres de droit ne peuvent, par hypothèse, être sanctionnés par le Conseil constitutionnel, quelle que soit la gravité des manquements dont ils se rendraient coupables. Bref, on en vient inévitablement à opiner que « l'exception française » tend, sur ce point, à se décliner en « anomalie » française. Il y a, en France, un consensus sur ce point, et la prochaine révision de la Constitution devrait acter la suppression de la qualité de membre de droit du Conseil constitutionnel. Au demeurant, la pratique en a montré la désuétude car les membres de droit – à l'exception partielle de Monsieur Valery Giscard d'Estaing – ne siègent pas effectivement lors des séances du Conseil.

D'autre part, la nomination des membres du Conseil constitutionnel par les hautes autorités politiques (Président de la République, Président du Sénat, Président de l'Assemblée nationale) est assez souvent critiquée. Elle entretient une apparence de dépendance, que le concept de « devoir d'ingratitude » (selon la formule de Robert Badinter) ne réussit pas toujours à gommer. Cette procédure d'exercice discrétionnaire a été améliorée en 2008. Depuis lors, les personnes pressenties à cette nomination doivent préalablement être auditionnées par les commissions parlementaires compétentes, lesquelles disposent d'un pouvoir de véto (prononcé à la majorité des 3/5). Le mécanisme de nomination – il n'y en a aucun de parfait – ne me paraît pas mériter la critique, parfois radicale, qu'on lui inflige. Pas plus que l'idée selon laquelle les membres du Conseil constitutionnel ne seraient pas des juristes mais des politiques, ne résiste à l'analyse exhaustive. En revanche, cette nomination peut générer des situations contestables. L'actualité en a montré un avatar au sujet de la nomination du successeur de Madame Nicole Belloubet. Il aura fallu plusieurs semaines, après que Monsieur Michel Mercier (nommé dans un premier temps) ait été contraint de renoncer, pour que le Président du Sénat annonce la nomination de Madame Dominique Lottin. Mépris de l'institution? On n'ose le croire. Mais, de fait, un cas de dépendance à un autre organe de l'Etat, difficilement acceptable alors que les affaires en instance ne manquent pas devant le Conseil constitutionnel.

Enfin, on relèvera que, dans certaines situations délicates où les membres du Conseil constitutionnel devraient se conformer strictement à l'obligation d'indépendance, la pratique les conduit à se « mettre en congés » du Conseil constitutionnel. Par exemple, Madame Simone Veil et Monsieur Valery Giscard d'Estaing y ont procédé lors de la campagne référendaire sur la Traité établissant une Constitution pour l'Europe en 2004. Il s'agit d'un expédiant que les textes ne prévoient pas, et qui est de nature à exposer fâcheusement l'image de l'institution. Comme l'a souligné le Professeur Patrick Wachsmann, c'est là « un accommodement peu conciliable avec l'image rigoureuse que devrait donner de lui le Conseil constitutionnel ». Il est heureusement demeuré exceptionnel.

Pour conclure, il ressort que l'analyse de l'indépendance d'une juridiction constitutionnelle ne peut s'épuiser dans une alternative simple entre l'absence ou l'existence. Comme ses homologues, le Conseil constitutionnel français est placé dans une situation où il doit, pour écarter les critiques, se positionner entre deux situations extrêmes: ne pas être la chose du gouvernement, sans tomber dans le gouvernement des juges; faire preuve d'audace, mais aussi de tempérance. C'est entre ces deux impératifs que se situe l'indépendance du juge constitutionnel, à laquelle la doctrine académique doit être un infatigable auxiliaire. Mais, faut-il le rappeler, l'indépendance n'est qu'un moyen d'action, l'essentiel est d'évaluer en permanence si le niveau d'indépendance est suffisant pour assurer la bonne exécution des missions de la juridiction constitutionnelle.

Mathieu Disant

Die Unabhängigkeit der Verfassungsgerichtsbarkeit in Frankreich

1. Einführung

Das Thema der Unabhängigkeit der Verfassungsgerichte ist komplex und von großer Bedeutung. Es ist offensichtlich, dass die Unabhängigkeit der Verfassungsgerichtsbarkeit – und im weiteren Sinne die jeder Gerichtsbarkeit – von der Legislative und Exekutive die Grundlage des Rechtsstaats ausmacht. Die Unabhängigkeit der Gerichtsbarkeit ist ein Kernteil eines demokratischen Systems. Ebenso selbstverständlich können die exekutive und legislative Gewalt, je nach den Gegebenheiten des jeweiligen Landes, Druck auf die Verfassungsgerichtsbarkeit ausüben oder dies jedenfalls versuchen – was in Anbetracht der Funktion, die Letztere ausübt, insbesondere ihrer Befähigung, Erlasse dieser Gewalten annullieren zu können, verständlich erscheint. Es handelt sich um eine natürliche Neigung, welche durch unsere Systeme in geordnete Bahnen gelenkt werden soll.

Unabhängigkeit heißt auf Französisch „indépendence" und wird vom Lateinischen dependere abgeleitet. Wörtlich übersetzt versteht man darunter den Mangel an Subordination. Der Begriff bezieht sich auf eine Situation, in der einer öffentlichen Einrichtung zugestanden wird, Entscheidungen in aller Freiheit treffen zu können, ohne Anweisungen, Druck, Zwänge oder Hindernisse seitens Dritter. In dieser Hinsicht ist die Unabhängigkeit der Gerichte ein gemeinsames Merkmal des modernen Konstitutionalismus, welche entweder explizit in der Verfassung verankert ist oder sich aus der Unabhängigkeit der Richter ableiten lässt (wie z. B. in Belgien). In Frankreich wird sie in Artikel 64 der Verfassung für die ordentliche Gerichtsbarkeit festgehalten und entspringt im Hinblick auf die Verwaltungsrichter dem fundamentalen Prinzip, welches von den Gesetzen der Republik anerkannt wird. Der *Conseil constitutionnel* (Verfassungsrat) gewährleistet den Schutz der Unabhängigkeit vor den verschiedenen Beeinträchtigungen justizieller Funktionen dadurch, dass er die justizielle Unabhängigkeit zugleich in Art. 16 der Erklärung der Menschen- und Bürgerrechte von 1789 verankert sieht, welcher die Garantie der Geltung des Rechts zum unverzichtbaren Bestandteil jeder Verfassung erklärt.

Bei genauer Betrachtung lässt sich die Frage nach der Unabhängigkeit der Justiz unter zahlreichen Aspekten betrachten, konzeptuelle, technische und praktische – und ich würde sagen, auch menschliche, da die Unabhängigkeit vor allem eine das menschliche Handeln leitende Kraft ist. Dies gilt sowohl für die Unabhängigkeit der Gerichtsbarkeit im Allgemeinen (einschließlich der verschiedenen Kontrollsysteme der Verfassungsmäßigkeit) als auch für die Verfassungsgerichtsbarkeit im Besonderen, insbesondere in gebündelten Systemen, wenn man in Betracht zieht, welche Rolle diese Institution im juristischen, politischen und gerichtlichen System spielt.

Meiner Meinung nach ist ein tiefgreifendes Verständnis des Begriffs „Unabhängigkeit" in unseren jeweiligen Systemen unabdingbar, dies nicht nur, um dessen zweifache Bedeutung (satzungsmäßig und funktionell) zu erläutern. Vielmehr soll damit auch analysiert werden, was in deren Namen unternommen wird und welche Schwierigkeiten bei der Evaluierung des Unabhängigkeitsgrads als Fortschrittsindikator bestehen, wenn es um die Verfassungsgerichtsbarkeit unserer Demokratien geht. Dieser Beitrag möchte hierzu einen bescheidenen Beitrag leisten.

Dies wird ein schwieriges Unterfangen sein. Umso mehr ist eine Analyse daher notwendig. Um diesen Beitrag leisten zu können, möchte ich mich auf drei Punkte konzentrieren.

Erster Punkt: Man kann sich nicht mit der Verkündung der Unabhängigkeit seitens der Gerichte selbst begnügen, da diese Aussage manchmal nicht nur vorlaut, sondern auch ganz und gar falsch ist. Umgekehrt sollte man die dramatisierenden bzw. kategorischen Äußerungen, welche jegliches Handeln des Gerichts im Rahmen einer „Abhängigkeit" der Gewalten analysieren bzw. die Unabhängigkeit auf eine synkretistische Lesart reduzieren, mit einem gewissen Abstand wahrnehmen. In Frankreich sind wir mit dieser etwas verallgemeinernden Tendenz vertraut, welche dazu führt, dass einige die Meinung vertreten, das Ernennungsverfahren der Mitglieder des Verfassungsgerichts sei an sich mit der Unabhängigkeit eines echten Verfassungsgerichts unvereinbar.

Zweiter Punkt: Die die Unabhängigkeit der Verfassungsgerichtsbarkeiten prägenden Regelungen haben sich, insbesondere in Europa, erheblich verdichtet. Neben der Unabhängigkeit selbst entwickel(te)n sich auch andere damit einhergehende Pflichten, welche wohlbekannt sind. Zu nennen sind beispielsweise die Unparteilichkeit der Rechtsprechung und die Neutralität des Richters. Selbstverständlich sind diese Institute für den Juristen nicht äquivalent, dennoch stellen sie beide Ausprägungsformen der richterlichen Unabhängigkeit dar. Sie greifen die Problematik erneut auf, indem Situationen, in denen der Unabhängigkeitsbegriff an seine Grenzen stößt, näher bestimmt oder der Unabhängigkeit komplementäre Pflichten gegenübergestellt werden.

Nach diesen Klarstellungen werde ich nun zur Analyse der Situation in Frankreich übergehen. Ich würde es sogar wagen, hier den Begriff der „französischen Lesart" der Unabhängigkeit der Verfassungsgerichtsbarkeit einzuführen. Den mir zugewiesenen Untersuchungsbereich ausschöpfend, werde ich die formellen und funktionellen Anforderungen untersuchen, welche für die Erhaltung der Unabhängigkeit des Verfassungsrats befolgt werden müssen. Ich werde in Form einiger Erläuterungen die potenziellen Konflikte (insbesondere mit der Exekutive und der Legislative) und die von Frankreich angewandten Strategien zur Vermeidung bzw. Lösung dieser Konflikte schildern.

Ich nehme vorweg, dass diese Maßnahmen bereits von realer Wirksamkeit sind, zumal heute in Frankreich niemand ernsthaft die tatsächliche Unabhängigkeit des Verfassungsrats im Verhältnis zu Exekutive und Legislative bestreitet. Dies wird gestützt von zahlreichen Entscheidungen, die im Vorhinein oder Nachhinein Bestimmungen, welche für die zwei Gewalten von Bedeutung waren, gerügt haben. Unter anderem belegen Studien, dass sowohl die Kontrolle, welche vom Verfassungsrat ausgeübt wird, als auch die Entwicklung seiner Rechtsprechung nicht von politischen Situationen beeinflusst oder Regierungswechseln beeinträchtigt wurden.

Des Weiteren verfügen die Urteile des Verfassungsrats, wie in Artikel 62 der Verfassung verankert, über „absolute" Rechtskraft: Die Entscheidungen des Verfassungsrats „binden die öffentlichen Gewalten sowie alle Verwaltungsbehörden und Gerichte". Diese Regelung wird von sämtlichen Behörden für alle Rechtsfolgen der verfassungsgerichtlichen Entscheidungen, unter den Bedingungen, die die Beachtung der Unabhängigkeit des Verfassungsrats wahren, befolgt.

So scheint das Prinzip der Unabhängigkeit der Verfassungsgerichtsbarkeit heute in einem gewissen Gleichgewicht zu stehen, welches selbstverständlich nicht vollkommen sein kann und stets neu definiert werden muss, aber allgemein anerkannt ist. Umso beachtlicher ist, dass dieser Zustand aus der Weiterentwicklung einer Institution hervorgeht, welche in ihrer ursprünglichen Ausrichtung im Jahr 1958 ein Mittel zur Verteidigung der Exekutive darstellte.

Um die Modalitäten dieses Gleichgewichts, welches vom französischen System heute erreicht ist, zu verstehen, werde ich mich nun mit vier Fragen befassen.

2. Wie wird die Unabhängigkeit gesichert?

Es ist nicht üblich, die Unabhängigkeit der Verfassungsgerichtsbarkeit in der Verfassung oder in anderen Texten explizit zu erwähnen. Im französischsprachigen Raum ist dies in den Staaten, in denen eine spezialisierte Verfassungsgerichtsbarkeit existiert, sogar eher eine Seltenheit. Vielmehr geht diese Unabhängigkeit impliziert aus Regelungen hervor, die besagen, dass die Entscheidungen der Verfassungsgerichte endgültig und für alle Gewalten verbindlich sind. Dies ist auch in Frankreich der Fall. Mit Beschluss des Verfassungsrats vom 9. Juli 2008 wurde ergänzt, dass die Unabhängigkeit der Gerichtsbarkeit ein Prinzip von Verfassungsrang darstellt, da sie einen Anwendungsfall des Grundsatzes der Gewaltenteilung darstellt. Diese Bekräftigung bzw. Ergänzung fand also vor weniger als zehn Jahren statt; sie wurde zu einer Zeit ausgesprochen, in der der Verfassungsrat sein 50-jähriges Jubiläum beging.

An dieser Stelle muss nochmals daran erinnert werden, dass dieser Institution vom französischen Verfassungsgeber anfangs nur eine begrenzte Rolle zugedacht war und dass deren Satzung in ihrer Ungenauigkeit auf eine Institution mit verschiedenen Zuständigkeiten zugeschnitten war, die sich zunächst mit der Umsetzung von Regelungen zur Rationalisierung des Parlamentarismus beschäftigte. Dieser Umstand knüpfte an die bewegte Geschichte der Verfassungsgerichtsbarkeit in Frankreich an. Er unterstreicht die ursprüngliche Ambiguität des Begriffs „Rat“ – die wörtliche Übersetzung von „Conseil“ –, welcher relativ ungenau ist und sowohl im juristischen als auch im politischen Kontext verwendet werden kann. Da im Französischen weder der Begriff „Cour“ (Gericht) noch der des „Tribunal“ verwendet wird, wurde dieses Organ nicht unumstritten der Dritten Gewalt zugeordnet. Es wurde auch nicht als „Comité“ (Ausschuss) bezeichnet (dieser Name bezieht sich auf die schwache Institution unter der IV. Republik) und ist somit nicht auf pseudo-schiedsgerichtliche bzw. sekundäre Funktionen beschränkt. Es war somit nicht unangebracht, die Funktionen und Befugnisse des Verfassungsrats als der Justiz zugehörig zu deuten, worüber zu Beginn der V. Republik jedoch lange debattiert wurde. Diese Debatte hat sich heute – insbesondere seit Einführung der vorrangigen Frage zur Verfassungsmäßigkeit („question prioritaire de constitutionnalité“) – erübrigt, sodass an dieser Stelle keine weitere Auseinandersetzung erforderlich ist.

Man kann auf diese Weise aber auch nachvollziehen, inwiefern sich die Unabhängigkeit der Verfassungsgerichtsbarkeit im französischen System erst durchsetzen musste. Die Funktionsweise des Verfassungsrats fiel für lange Zeit durch seine Undurchschaubarkeit auf und trug in gewissem Maße dazu bei, dass sein gerichtlicher Charakter bestritten wurde. Dies war vor allem auf sein mehrdeutiges Statut und die lediglich rudimentäre interne Organisation zurückzuführen. Beide Bereiche haben sich jedoch zunehmend den mit Blick auf ein Rechtsprechungsorgan zu erwartenden Standards angenähert. Die Frage der Unabhängigkeit hat ihre Bedeutung erst in Abhängigkeit von dieser Entwicklung erfahren, zumal sie eine Hauptvoraussetzung der gegenseitigen Kontrolle geworden ist.

Vor diesem Hintergrund ist die Entwicklung der Unabhängigkeit des Verfassungsrats untrennbar mit der Entwicklung von zwei im Folgenden näher zu beleuchtenden Aspekten verbunden, namentlich der Erarbeitung eines Statuts des Verfassungsrats sowie der Kompetenz zur Selbstorganisation.

3. Wie gewährleistet das Statut des Verfassungsrats dessen Unabhängigkeit?

Das Statut führt die Anforderungen an die Mitglieder, die ihnen im Rahmen ihres Mandats zukommen, sowie ihre Rechte und Pflichten auf. Es wurde zum Teil durch die Verordnung vom 7. November 1958 zum Organgesetz bezüglich des Verfassungsrats verbindlich gemacht. Diese wurde mehrmals abgeändert und mit dem Dekret vom 13. November 1959 bezüglich der Pflichten der Mitglieder des Verfassungsgerichts weiter konkretisiert. Das Statut beinhaltet Unabhängigkeitsgarantien, welche sich in ähnlicher Form auch in den meisten vergleichbaren ausländischen Regelungen wiederfinden. Es statuiert zugleich Vorrechte und Einschränkungen, die ergänzend zur Unabhängigkeit der Mitglieder des Verfassungsrats beitragen.

3.1 Was die Vorrechte angeht, so sollen an dieser Stelle mehrere Elemente aufgezählt werden.
Erstens müssen die designierten Mitglieder des Verfassungsrats, um das Amt antreten zu können, einen Eid im Elysée-Palast vor dem Präsidenten der Republik, dem Präsidenten des Senats, dem Justizminister und dem Generalsekretär der Regierung sowie den anderen Mitgliedern des Verfassungsrats ablegen. Am Ende einer kurzen Zeremonie geloben sie, „ihre Aufgaben nach bestem Wissen und Gewissen zu erfüllen und das Amt in völliger Unparteilichkeit gemäß der Verfassung auszuüben und das Beratungsgeheimnis sowie das Wahlgeheimnis zu wahren und kein öffentliches Amt zu bekleiden und nicht über Fragen zu beraten, welche nicht im Kompetenzbereich des Verfassungsgerichts liegen". Mitglieder von Amts wegen sind dieser Eidverpflichtung nicht unterworfen. Der Eid stellt in gewissem Maße eine symbolische Bürgschaft der Unabhängigkeit der Mitglieder des Gerichts dar und greift den protokollarischen Rang auf. Diese Bürgschaft bezieht sich auf die Pflichten der Mitglieder im Namen der Unabhängigkeit; darauf ist zurückzukommen.

Zweitens: Das Mandat ist nicht erneuerbar. Dieses Prinzip ist in Artikel 56 der Verfassung verankert und wird durch das Ergebnis einer Rechtsvergleichung bestätigt. Das Mandat dauert neun Jahre und liegt somit im Durchschnitt der Mandatsdauer anderer europäischer Verfassungsrichter. Dennoch handelt es sich um das längste Mandat, welches heute unter der V. Republik existiert. Die Unkündbarkeit und die Unmöglichkeit der Erneuerung des Mandats der Mitglieder stellen, zusammen mit der langen Dauer des Amtes und der Eigenständigkeit gegenüber den anderen Gewalten, sicherlich die beste Garantie für die Unabhängigkeit der Mitglieder dar, da vermieden wird, dass die Mitglieder dem Druck ihrer Ernennungsbehörde ausgesetzt werden. An dieser Stelle ist die Frage der Auslegung der Verfassung nicht endgültig geklärt: Ist die Mandatsverlängerung vorübergehend oder endgültig verboten? Wenn das Verbot eng interpretiert wird, könnte man eine Erneuerung nach Ablauf eines Zeitraums von mindestens neun Jahren in Betracht ziehen. Doch dieser Fall ist bisher nie eingetreten, und es scheint auch unwahrscheinlich, dass dies je geschehen wird.

Drittens sind an dieser Stelle die Regelungen zur Aufwandsentschädigung der Mitglieder des Verfassungsrats und die generell guten materiellen Bedingungen der Amtsausübung zu erwähnen. Sie dienen dazu, jeglichem Versuch der Einflussnahme vorzubeugen. Technisch gesehen beziehen die Mitglieder eine Aufwandsentschädigung und kein Gehalt (da sie nicht mit den Beamten gleichgestellt werden). Die Aufwandsentschädigung entspricht dabei der höchsten Besoldungsstufe der obersten staatlichen Beamten.

3.2 Die Vorrechte werden durch Beschränkungen ergänzt, denen die Mitglieder des Verfassungsrats im Namen der Unabhängigkeit ausgesetzt sind. Sie wirken sich hauptsächlich in Form einer strengen Unvereinbarkeitsregelung und einer Verpflichtung zur Verschwiegenheit aus.

3.2.1 Bei der ersten dieser Beschränkungen, welche zugleich eine Schutzbestimmung ist, handelt es sich um eine Regelung über Unvereinbarkeiten, der die Mitglieder des Verfassungsgerichts unterworfen sind. Diese Regelung ist in Artikel 57 der Verfassung enthalten, ergänzt durch die Verfügung vom 7. November 1958. Ursprünglich weniger beschränkend, wurde diese Regelung zunehmend verschärft, insbesondere durch das Organgesetz vom 19. Januar 1995, in Umsetzung einiger Vorschläge des beratenden Ausschusses unter dem Vorsitz von Vedel im Jahr 1993, jüngst auch durch das Organgesetz Nr. 2013-906 vom 11. Oktober 2013 bezüglich der Transparenz der öffentlichen Verwaltung.

Aus dieser Vorschrift folgt ein strenges Verbot (das auch für die Mitglieder von Amts wegen gilt) der Kumulierung des Amtes am Verfassungsrat mit dem Amt eines Ministers, der Bekleidung von verantwortungsvollen oder leitenden Positionen in einer politischen Partei, einem Abgeordnetenmandat, der Übernahme von Beratungstätigkeiten sowie der Ausübung jeglicher öffentlicher Funktion und jeglicher anderer Berufstätigkeit oder bezahlter Arbeit. Diese Verbote haben nicht nur einen Nennwert; sie können im Falle der Nichtbefolgung vielmehr sanktioniert werden. Im Falle von Schwierigkeiten entscheidet der Verfassungsrat selbst über die Kompatibilität zwischen der Eigenschaft als Mitglied und der betreffenden Aktivität. Sollte eine dieser Pflichten aus dem Statut nicht eingehalten werden, kann ein Mitglied auf Grundlage von Artikel 10 der Verfügung von 1958 durch Entscheidung des Verfassungsrats entlassen oder beurlaubt werden.

Das Statut zielt also darauf ab, parteiische Mitglieder aus dem Gremium auszuschließen, wenn auch sogleich darauf hinzuweisen ist, dass einige der Mitglieder des Verfassungsrats einen Großteil ihres Lebens gerade diesen Interessen gewidmet haben. So hat die Mitgliedschaft von Amts wegen der früheren Präsidenten der Republik aufgrund der Inkompatibilität der Rolle des Richters mit jeglichem Wahlamt eine juristische Kontroverse für den Fall einer erneuten Präsidentschaftskandidatur ausgelöst, wie es bei den letzten Stichwahlen bei Nicolas Sarkozy der Fall war. Die Verfassung erlaubt es eben, den Elysée-Palast zu verlassen und zurückkehren zu wollen.

Der Gesetzgeber hat kürzlich die Inkompatibilitätsregelung für die Mitglieder des Verfassungsrats verschärft, indem die für Richter und Staatsanwälte geltende Regelung aufgegriffen wurde,[1] demgegenüber ist die bisherige Regelung eher mit der für die Mitglieder des Parlaments geltenden vergleichbar. Auch diese Evolution unterstreicht, dass dem Verfassungsrat eher gerichtlicher Charakter beizumessen ist.

Außerdem können die Mitglieder des Verfassungsrats sich für befangen erklären, wenn sie der Meinung sind, dass ihre Unparteilichkeit in Frage gestellt ist. Die Verfahrensbeteiligten einer *Question prioritaire de constitutionnalité* können ebenfalls einen Befangenheitsantrag in Bezug auf ein Mitglied des Verfassungsgerichts stellen. Dieser Antrag kann vom Kollegium unter Ausschluss der betroffenen Person überprüft werden, es sei denn, dass Letztere sich von sich aus von dem Verfahren zurückzieht.

3.2.2 Zweitens sind die Mitglieder des Verfassungsrats zur Verschwiegenheit verpflichtet. Der Inhalt dieser Verpflichtung ergibt sich aus dem Wortlaut des oben genannten Eides: die Wahrung des Beratungs- und des Wahlgeheimnisses. Die Mitglieder müssen sich kategorisch enthalten, öffentlich Stellung zu beziehen. Dies gilt selbstverständlich hinsichtlich aller laufender Verfahren, aber auch in Bezug auf sämtliche Angelegenheit, zu denen der Rat eines Tages angerufen

1 Änderung des Artikels 4 der Verfügung Nr. 58-1067 vom 7. November 1958 über das Organgesetz zum Verfassungsgericht aus dem Organgesetz Nr. 2013-906 des 11. Oktober 2013 über die Transparenz der öffentlichen Verwaltung.

werden könnte. Durch die *Question prioritaire de constitutionnalité* wurde der Anwendungsbereich der Verpflichtung nochmals wesentlich erweitert.

Die Verschwiegenheitspflicht gilt im Prinzip auch nach Mandatsende, doch in der Praxis ist dieser Punkt nicht eindeutig geklärt. Die Verpflichtung hält bis zur Veröffentlichung der betreffenden Archive des Verfassungsgerichts an, was nach 25 Jahren der Fall ist.

Die Verpflichtung ist vergleichbar mit derjenigen, die für jeden Richter bzw. Staatsanwalt gilt. Sie hat zum Ziel, die Unabhängigkeit und Würde der Richter zu wahren und gleichzeitig die Autorität ihrer Entscheidung zu gewährleisten. In der Praxis wird dieser Verpflichtung eher im Schriftlichen, weniger im Mündlichen entsprochen. Offensichtlich scheinen sich zudem nicht alle Betroffenen gleichermaßen an die Verschwiegenheitspflicht, deren Reichweite von Natur aus eher ungenau ist, gebunden zu fühlen. So hat der erste Präsident des Verfassungsrats, Léon Noel, im Jahr 1976 beschlossen, seine Schweigepflicht zu brechen, und hat zum Beispiel die Mehrheitsverhältnisse der Entscheidung vom 6. November 1962 zur Volksabstimmung über die Wahl des Präsidenten der Republik nach allgemeiner und unmittelbarer Wahl sowie darüber hinaus preisgegeben, dass sich de Gaulle bei seiner Entscheidung, an der Anwendung von Artikel 16 der Verfassung nach den Geschehnissen in Algerien festzuhalten, über die Empfehlungen des Verfassungsrats hinweggesetzt hatte.

Auch in solch einem Falle der Nichtbeachtung der Verschwiegenheitspflicht hat nur der Verfassungsrat selbst die Befugnis, dieses Fehlverhalten zu sanktionieren. Die Mitglieder des Verfassungsrats können nicht ihres Amts enthoben werden. Der Rat ist somit der einzige Richter über das Mandat der eigenen Mitglieder, was eine wahrhaftige Garantie der Unabhängigkeit darstellt. Zu einer Sanktionierung ist es in der Praxis bislang noch nicht gekommen; sie wurde freilich im Rahmen der Einleitung eines Verfahrens (*mise en examen*) gegen den seinerzeit amtierenden Präsidenten des Verfassungsgerichts, Roland Dumas, am 29. April 1998 wegen der mit seinem vorherigen Amt als Außenminister verbundenen Angelegenheiten zumindest in Betracht gezogen. Nachdem sich Dumas zunächst unter Berufung auf die Unschuldsvermutung geweigert hatte, vom Amt zurückzutreten, verabschiedete er sich am 23. März 1999 freiwillig vom Vorsitz im Rat, nachdem seine Ermittlungsakte der Staatsanwaltschaft übergeben worden war. Fünf der Mitglieder des Rats (Veil, Lenoir, Guéna, Mazeaud und Ameler) hatten ihn am Vortag schriftlich ersucht, „Abstand zu nehmen“. Am 29. Februar 2000 trat er auf „Anraten“ der Mitglieder des Verfassungsrats schließlich zurück.

4. Wie wird die Unabhängigkeit mittels der Kompetenz der Selbstorganisation der Institution zum Ausdruck gebracht?

Wie zahlreiche andere Verfassungsgerichte genießt auch der Verfassungsrat eine dreifache Autonomie: mit Blick auf seine Ordnung, finanziell sowie hinsichtlich seiner Organisation.

4.1 Zunächst verfügt der Verfassungsrat als Institution über normative Kraft. Hier ist die Kompetenz zur Selbstorganisation zu nennen, welche im Zusammenhang mit der Erarbeitung der internen Richtlinien Gemeinsamkeiten mit anderen Verfassungsgerichten aufweist. Jene Kraft hat ihren Ursprung in der Erkenntnis, dass der Verfassungsrat eine vollwertige verfassungsrechtliche Gewalt ist, welche in ihrer Konstituierung als Verfassungsorgan außerhalb der traditionellen Staatsgewalten (Exekutive, Legislative, Judikative) steht. Bekanntlich haben die internen Richtlinien keinen ausschließlich internen Wirkungskreis, was sie von Maßnahmen des internen Geschäftsbetriebs unterscheidet. Die Regelungen eines Verfassungsgerichts haben vielmehr „externe Auswirkungen", sobald sie auf ein Subjekt oder eine Situation außerhalb der Institution selbst angewandt werden.

Das verfassungsrechtliche Prinzip der Unabhängigkeit entspringt der Gewaltenteilung und stellt ein materielles Fundament der Kompetenz zur Selbstorganisation dar. Die normative Autonomie ist sowohl Konsequenz als auch Bedingung der Unabhängigkeit, die der Verfassungsgerichtsbarkeit im Staatssystem zuzusprechen ist. Die entsprechende Befugnis zur Selbstorganisation lässt sich direkt aus der Verfassung ableiten. So muss der Verfassungsrat nicht ausdrücklich erst durch ein formelles Gesetz ermächtigt werden, wie es das deutsche Modell, von dem sich der französische Rat in verschiedenerlei Weise hat inspirieren lassen, vorsieht. Die unter Ausübung der Kompetenz zur Selbstorganisation geschaffenen Regelungen verfügen somit in der Hierarchie der Normen über einen Platz, der mit dem des Gesetzes äquivalent ist. Sie stehen nicht unter dem formellen Gesetz.

Die Befugnis zur Selbstorganisation, welche die Unabhängigkeit des Verfassungsrats fördert, wird in drei Bereichen relevant: in der Verwaltung, in den Finanzen und im Verfahren. Üblicherweise wird demgegenüber davon ausgegangen, dass diejenigen Gesichtspunkte, die unmittelbar den Status des Rats und seiner Mitglieder betreffen, ebenso wie die Frage nach einer etwaigen Erweiterung der Befugnisse des Verfassungsrats nicht von dessen Kompetenz zur Selbstorganisation umfasst sind.

Unter diesem Vorbehalt obliegen Annahme und Erarbeitung des Statuts dem Verfassungsrat selbst. Er ist dabei nicht an das einfache Recht, sondern nur an die Verfassung gebunden. Über die Ausgestaltung der internen Regelungen und die Modalitäten ihrer Anwendung beschließen die Mitglieder des Rats in ihrer Gesamtheit per Beschluss; im Unterschied zur Lage in Deutschland oder Italien verfügt der französische Verfassungsrat nicht über einen Sonderausschuss, der für Fragen des internen Rechts zuständig ist. Es sei klargestellt, dass die Regelungen des Verfassungsrats im Amtsblatt der Republik veröffentlicht werden müssen. Sie sind nicht zahlreich und knapp formuliert. Was das Streitverfahren angeht, müssen drei interne Verfahrensregeln beachtet werden.

4.2 Zweitens ist die finanzielle Autonomie eine unabdingbare Garantie der Unabhängigkeit. Der Budgethoheit kommt besondere Bedeutung zu, da diese die materielle Unabhängigkeit des Verfassungsrats gewährleistet. Eine rechtsvergleichende Betrachtung – insbesondere des französischsprachigen Raums – ergibt, dass das Budget der Verfassungsgerichtsbarkeiten oft im Staatshaushalt integriert ist und somit vom Parlament beschlossen wird. Der Haushaltsvollzug wird entweder vom Rechnungshof oder von einem Vertreter der Staatskasse überprüft. Es handelt sich hierbei um ein Element, das oft kritisiert wird, insbesondere mit Blick auf die Stellung des Verfassungsgerichts in Staaten mit (noch) fragiler Verfassungsordnung. Frankreich stellt hingegen insoweit eine Ausnahme zur Regel dar, als strikte Unabhängigkeit gewahrt wird: Das Budget des Verfassungsrats wird nicht vor der Nationalversammlung bestimmt und auch im Nachhinein keiner Kontrolle unterzogen. Die finanzielle Autonomie des Verfassungsrats wird zwar nicht explizit in den Rechtsgrundlagen erwähnt. Es ist jedoch allgemein anerkannt, dass der Rat aufgrund seiner Stellung als Verfassungsorgan des Staates über eine finanzielle Autonomie verfügt, die mit der des Parlaments oder des Präsidenten der Republik vergleichbar ist.

Mit Blick auf das Verfahren wird der Budgetentwurf vom finanz- und verwaltungsrechtlichen Dienst des Gerichts erarbeitet und sodann vom Präsidenten beschlossen. Das Budget wird anschließend im allgemeinen Haushaltsplan eingetragen; es erscheint dort unter dem Posten für Gemeinkosten unter „Öffentliche Behörden". Die Höhe des Budgets wird bei der Verabschiedung des Haushaltsplans im Parlament nicht erörtert. Mit anderen Worten: Der Eintrag des Budgets im Haushaltsplan ist eine bloße Formalität.

Der Verfassungsrat ist im Zusammenhang mit der Budgethoheit auch anschließend keiner parlamentarischen oder sonstigen Kontrolle unterworfen. Dessen ungeachtet hat er im Jahre 2005 beschlossen, auf seiner Internetseite die

Budgetdetails zu veröffentlichen; sie sind damit ohne Weiteres öffentlich zugänglich. Dabei wird der Verfassungsrat von einem Mitglied des Rechnungshofes unterstützt, ohne dass diesem irgendeine Kontrollbefugnis zukäme. Insgesamt ist das Budget des Verfassungsrats, wenngleich ansteigend, relativ bescheiden. Es belief sich im Jahre 2016 auf 10 Mio. Euro, im Jahr 2017 auf 13,6 Mio. Euro.

4.3 Zuletzt ist – drittens – auf die interne Verwaltung einzugehen, welche autonom, stabil und effizient sein muss, um als praktische Voraussetzung für die Unabhängigkeit zu fungieren. Wie bei jedem anderen Verfassungsgericht werden auch in Frankreich die Gesamtheit der Dienste und dessen Personal eigenständig verwaltet. Der Verfassungsrat entscheidet autonom über seine Organisation und interne Funktionsweise – Ausdruck der verfassungsrechtlichen Bedeutung seiner Unabhängigkeit, wie sie sich aus der Gesamtheit der Verfügungen des VII. Titels der Verfassung ergibt.

Die Verwaltung des Verfassungsrats ist relativ schlank aufgestellt. Sie umfasst insgesamt ungefähr sechzig Personen in verschiedenen Aufgabenbereichen, die aus anderen Institutionen abgeordnet oder vertraglich beschäftigt werden. Die Personalausstattung ist im Vergleich zu anderen Verfassungsgerichten eher bescheiden. Das hat sich im Laufe der Entwicklung auch nicht geändert: Seit Einführung der vorrangigen Frage zur Verfassungsmäßigkeit ist die interne Personalausstattung nicht angestiegen. Nur die Posten des Generalsekretärs und des Schatzmeisters sind gesetzlich vorgegeben. Das Dekret Nr. 59-1293 vom 13. November 1959 sieht vor, dass der Generalsekretär „die notwendigen Maßnahmen zur Vorbereitung und Organisation der Arbeiten des Rats trifft". Der Generalsekretär wird auf Vorschlag des Präsidenten des Verfassungsrats vom Präsidenten der Republik ernannt. Er wird traditionell aus den Mitgliedern des Staatsrats auserkoren, was dazu geführt hat, dass man vom Nachbarn des *Palais Royal* einzelne strittige Praktiken, etwa die Unabhängigkeit der Mitglieder betreffend, übernommen hat. Der Generalsekretär spielt eine wichtige Rolle und ist im Rahmen seiner Funktionen unabdingbar für den Arbeitsablauf der Institution. Er wird deshalb oft als „zehntes Mitglied" bezeichnet.

Das Amt des Generalsekretärs des Verfassungsrats könnte als neutraler, ja unabhängiger Körper im verfassungsrechtlichen Prozess – im Sinne eines „Kommissars der Verfassung", der mit dem öffentlichen Berichterstatter vergleichbar wäre – ausgestaltet werden. Man kann fragen, ob der Generalsekretär – zumindest bis vor kurzer Zeit – nicht ohnehin schon eine solche Stellung in der internen Verteilung der Befugnisse innehatte, und des Weiteren, ob es nicht angemessen wäre, eine formelle Definition seiner Funktionen in Betracht zu ziehen. Ob man es gutheißt oder nicht, der Generalsekretär des Verfassungsrats hat stets eine spezifische Rolle in der Erarbeitung, Verbreitung und Einhaltung der Entscheidungen des Verfassungsrats ausgeübt. Die Idee, seine Funktion mit der des Staatskommissars im Verwaltungsprozess zu verschmelzen (heute „öffentlicher Berichterstatter"), wurde vom Präsidenten Braibant angestoßen, wobei er sich vom Vorschlag Léo Hamons inspirieren ließ, welcher das Amt des „Rechtsvertreters" einführen wollte, damit „der Sinn der Entscheidung besser ausgeleuchtet wird" und damit „ein gewisser Raum für den Dialog geschaffen wird (...), welcher der Rechtsprechung zum weiteren Fortschritt verhelfen würde".[2] In der Rechtspraxis hat der Generalsekretär diese Aufgabe zwecks Wahrung der Kohärenz der verfassungsrechtlichen Rechtsprechung indes seit jeher wahrgenommen. Der Dienstälteste Vedel schrieb insoweit über Bruno Genevois, der Generalsekretär sei „nicht nur das Gedächtnis des Gerichts, sondern in gewisser Hinsicht auch sein Gewissen".[3]

Die Mitglieder des Verfassungsrats verfügen nicht über persönliche Mitarbeiter oder Berater. Sie werden von den Diensten der Institution unterstützt, insbesondere dem juristischen Dienst. Der Rat arbeitet also nach dem Prinzip der Einheit in der Organisation der Dienste, um die Einheitlichkeit der Rechtsprechung zu wahren. Ich möchte an dieser Stelle darauf hinweisen, dass der öffentliche Abdruck von abweichenden Meinungen einzelner Richter in Frankreich nicht erlaubt ist. In der französischen juristischen Tradition dient dies der Garantie der Unabhängigkeit.

Unabhängigkeit geht also mit Einheit und Kollegialität einher. Diese Funktionsweise bildet, zusammen mit der Verschwiegenheitspflicht, eine Quelle der Unabhängigkeit der französischen Rechtsprechung. Ihr liegt das Konzept zugrunde, dass dann, wenn die Entscheidungen der Richter nicht mehr einheitlich sind, individuelle Akteure Druck auf die Mitglieder des Gerichts ausüben können, damit diese ihre Einstellung in die eine oder andere Richtung lenken.

---

2 *G. Braibant*, « Faut-il réformer le Conseil constitutionnel? », Debatten in Le Conseil constitutionnel a 40 ans, LGDJ, 1999, insbesondere S. 201. Bezüglich der Figur des Generalsekretärs des Verfassungsgerichts als Figur des „Kommissars der Verfassung" sei hingewiesen auf M. Disant, L'autorité de la chose interprétée par le Conseil constitutionnel, LGDJ, 2010, S. 179 ff.

3 *G. Vedel*, « Témoignages d'anciens du Conseil constitutionnel », in Le Conseil constitutionnel a 40 ans, LGDJ, 1999, S. 66.

5. Schluss: Wo bestehen Risiken bzw. Situationen der Abhängigkeit?

Insgesamt steht so die Unabhängigkeit der Mitglieder des Verfassungsrats außer Zweifel. Umso mehr ist die Gepflogenheit zu bedauern, nach der sie im Rahmen ihrer Amtsausübung für die Ehrenlegion oder den Verdienstorden ernannt oder befördert werden. Diese Gepflogenheit wurde von einigen Präsidenten des Verfassungsrats hinterfragt; bis heute wird an ihr indes festgehalten. Aber vielleicht handelt es sich hier um eine kulturelle Schwäche Frankreichs.

Demgegenüber können Mängel in Bezug auf die Unabhängigkeit des Verfassungsrats insgesamt mit Blick auf drei Situationen konstatiert werden.

Zum einen ist ein solcher Mangel in der Zusammensetzung des Verfassungsrats, insbesondere durch die Präsenz der Mitglieder von Amts wegen, die ehemalige Präsidenten der Republik sind, zu sehen. Diese Gegebenheit ist beispiellos, kritisierbar und anachronistisch, insbesondere aufgrund der Rolle, die der Verfassungsrat nunmehr ausübt. Ihre Anwesenheit führt zu Schwachstellen in der Anwendung der Regeln, die ich oben aufgezählt habe. Zum Beispiel können die Mitglieder von Amts wegen naturgemäß nicht sanktioniert werden, ungeachtet der Schwere der Verstöße, der sie sich ggf. schuldig gemacht haben. Kurz gesagt ist man sich darüber einig, dass die „französische Ausnahme“ an dieser Stelle dazu tendiert, sich in eine französische „Anomalie“ zu verwandeln. Es herrscht in Frankreich Konsens über diesen Punkt, und die nächste Überarbeitung der Verfassung sollte die Abschaffung „des Mitglieds von Amts wegen“ im Verfassungsrat umfassen. Bisweilen konnten Mitglieder von Amts wegen – mit Ausnahme von Valéry Giscard d'Estaing – den Sitzungen des Gerichts zudem aus Altersgründen nicht beiwohnen.

Zum anderen wird häufig die Ernennung der Mitglieder des Verfassungsrats durch hohe politische Instanzen (Präsident der Republik, Präsident des Senats, Präsident der Nationalversammlung) kritisiert. Hier entsteht ein Anschein der Abhängigkeit, während das Konzept der „Pflicht zur Undankbarkeit“ (nach Robert Badinter) diesen nicht immer beseitigen kann. Dieses Verfahren „nach Belieben“ wurde im Jahr 2008 ausgebessert. Seither werden Personen, die für eine Ernennung als Mitglied des Verfassungsrats in Frage kommen, vorher von einem Parlamentsausschuss angehört und befragt. Dieser Ausschuss verfügt über ein Vetorecht (mit einem Mehrheitsverhältnis von 3/5). Freilich meine ich, dass der Ernennungsmechanismus nicht die (bisweilen radikale) Kritik verdient, der er ausgesetzt ist, zumal kein System perfekt ist.

Dies gilt auch für den Vorwurf, wonach die Mitglieder des Verfassungsrats eigentlich gar keine Juristen, sondern Politiker seien – ein Vorwurf, der keiner detaillierten Analyse standhält. Allerdings können Ernennungen von Mitgliedern des Verfassungsrats zu umstrittenen Situationen führen. Das aktuelle Zeitgeschehen liefert uns hierfür ein Paradebeispiel: die Ernennung des Nachfolgers von Nicole Belloubet. Es vergingen mehrere Wochen, nachdem Michel Mercier (der zunächst ernannt wurde) gezwungen war, zu verzichten, damit der Präsident des Senats schließlich die Ernennung von Dominique Lottin verkünden konnte. Eine Missachtung der Institution? Dies wage ich nicht zu vermuten. Es handelt sich jedoch um einen Zustand der Abhängigkeit gegenüber einem anderen Staatsorgan, der unzumutbar ist, zumal es an anhängigen Fällen vor dem Verfassungsrat nicht mangelt.

Bemerkenswert ist auch, dass in gewissen Situationen, in denen die Mitglieder des Verfassungsrats die Verpflichtung zur Unabhängigkeit befolgen sollten, die Praxis sie dazu verleitet, sich vom Verfassungsrat „zu beurlauben". Zum Beispiel haben Simone Veil und Valéry Giscard d'Estaing anlässlich der Kampagne zur Volksabstimmung über den Vertrag über eine Verfassung für Europa im Jahr 2004 in diesem Sinne gehandelt. Es handelt sich hier um einen Notnagel, welcher vom Statut des Rats vorgesehen ist und der auf unerfreuliche Weise das Bild der Institution prägt. Wie bereits von Patrick Wachsmann unterstrichen, kommt es hier sozusagen zu einer „gütlichen Einigung", die nicht mit dem kompromisslosen Bild, welches der Verfassungsrat liefern sollte, vereinbar ist. Zum Glück handelt es sich hierbei um einen Sonderfall.

Abschließend ist festzuhalten, dass die Analyse der Unabhängigkeit der französischen Verfassungsgerichtsbarkeit nicht mit dem Ergebnis einer einfachen Feststellung des Nichtbestehens oder Bestehens enden kann. Wie seine Pendants hat auch der französische Verfassungsrat sich in eine Lage zu versetzen, in der er sich – um Kritik zu vermeiden – zwischen zwei Extremen platziert: Nicht verlängerter Arm der Regierung zu sein, gleichzeitig aber auch nicht eine Regierung der Richter zu installieren; mit anderen Worten Kühnheit, aber gleichzeitig Mäßigung zu beweisen. Zwischen diesen beiden Geboten ist die Unabhängigkeit des Verfassungsrichters verortet, wobei die akademische Lehre bei der genauen Positionierung Hilfestellung leisten kann und muss. Es sei erneut daran erinnert, dass die Unabhängigkeit lediglich ein Handlungsinstrument darstellt. Von grundlegender Bedeutung bleibt die ständige Überprüfung, ob das Niveau der Unabhängigkeit zufriedenstellend ist, um die gute Ausführung der Aufgaben der Verfassungsgerichtsbarkeit gewährleisten zu können.

Piotr Tuleja

Model polskiego sądownictwa konstytucyjnego*

Tradycje rządów prawa w Polsce sięgają XVI wieku. Ukształtowały się w okresie tzw. pierwszej Rzeczpospolitej. Uchwalona w 1791 roku Konstytucja 3 Maja wyrażała zasadę praworządności, miła też stanowić podstawę dla rozwoju współczesnego polskiego konstytucjonalizmu. Jednak na skutek rozbiorów w 1795 r. państwo polskie zostało zlikwidowane. Po I wojnie światowej i odzyskaniu niepodległości podstawą ustroju polski została Konstytucja Marcowa z 1921 r. Oparta była ona na wzorach francuskiej III Republiki. Konstytucja nie przewidywała powołania sądu konstytucyjnego, jej art. 80 wykluczał w zasadzie sądową kontrolę konstytucyjności ustaw. Odnotowano jedynie pojedyncze wypowiedzi sądów dotyczące zgodności ustaw z konstytucją. Uchwalona w 1935 r. Konstytucja Kwietniowa miała charakter autorytarny. Wykluczała nie tylko kontrolę konstytucyjności prawa, ale pod jej rządami doszło do podważenia niezależności sądów. W doktrynie ukształtował się natomiast pogląd, o celowości powołania Trybunału Konstytucyjnego i ukształtowania go na wzór austriacki. Po II wojnie Konstytucja PRL opierała się na zasadzie przewodniej roli partii komunistycznej. Sądownictwo konstytucyjne uznawane było za instytucję państwa burżuazyjnego, która jest nie do pogodzenia z założeniami marksizmu i leninizmu. Jednak to właśnie pod rządami Konstytucji PRL doszło do powołania Trybunału Konstytucyjnego. Postulaty wprowadzenia niezależności sądów i powołania sądu konstytucyjnego formułowane były przez Solidarność w 1981 jednak zgoda władz komunistycznych na realizację tego postulatu miła specyficzne motywy. W 1982 r. dokonano odpowiedniej zmiany Konstytucji, w 1985 uchwalona została ustawa o Trybunale Konstytucyjnym, a w 1986 Trybunał wydał pierwsze orzeczenie. Powołanie Trybunału Konstytucyjnego, Trybunału Stanu oraz Rzecznika Praw Obywatelskich miało stwarzać wrażenie demokratyzacji ustroju państwa i likwidacji skutków stanu wojennego wprowadzonego w 1981. Władze komunistyczne zakładały, że będą w pełni kontrolować Trybunał. Miał on słabą pozycję ustrojową. Kandydaci do TK musieli mieć rekomendację partii komunistycznej, a orzeczenia o niekonstytucyjności ustaw mogły być odrzucane przez Sejm

---

* Schriftliche Fassung des Vortrags, den der Autor bei der Tagung „Funktionsbedingungen unabhängiger Verfassungsgerichtsbarkeit" am 20. Oktober 2017 gehalten hat.

większością 2/3 głosów[1]. TK nie mógł początkowo odgrywać istotnej roli ustrojowej. Nie mógł też być gwarantem praw człowieka. W latach 1986–89 wydał jednak kilka istotnych orzeczeń dotyczących m.in. zasady równości czy wyłączności ustawy. Twórcy polskiego modelu sądownictwa konstytucyjnego opierali się przede wszystkim na rozwiązaniach austriackich. Rozwiązania austriackie dotyczące Trybunału Państwa oraz wiedeńskaj szkoła teorii prawa była najlepiej znana polskim prawnikom. Poza tym w państwie komunistycznym wykluczone było stworzenie sądu konstytucyjnego o silnej pozycji ustrojowej, którego podstawowym zadaniem byłaby ochrona praw człowieka[2].

Obecny model ustrojowy Trybunału Konstytucyjnego ukształtowany został w latach 1989 - 97. W pewnym uproszczeniu można przyjąć, że kluczowe dla tego modelu było wprowadzenie w 1989 r. do Konstytucji PRL zasady państwa prawnego oraz prowizorium konstytucyjnej utrzymujące się do 1997 r. W 1989 r. doszło do zmiany ustroju, która jednak nie znalazła pełnego odzwierciedlenia w zmianie Konstytucji. Do 1997 r. przepisy Konstytucji nie wyrażały pełnego katalogu praw człowieka. Stworzyło to Trybunałowi szansę dokonania twórczej wykładni Konstytucji. Podstawą dla takiej wykładni stała się zasada demokratycznego państwa prawnego. Trybunał Konstytucyjny odwołując się przede wszystkim do niemieckiej doktryny i orzecznictwa Federalnego Sądu Konstytucyjnego wyprowadził z zasady państwa prawnego wiele zasad bardziej szczegółowych, które uznał za zasady wiążące dla organów władzy publicznej. Wśród nich były m.in. zasada podziału władzy, prawo do sądu oraz zasada zaufania. Trybunał Konstytucyjny w swym orzecznictwie stworzył podstawy konstytucyjne funkcjonowania państwa oraz będące ich konsekwencją wiążące konstytucyjne standardy[3]. Wiele z tych standardów zostało następnie wprost wyrażonych w

1 *G. Brunner*, Die neue Verfassungsgerichtsbarkeit in Osteuropa, Zeitschrift für ausländisches öffentliches Recht und Völkerrecht 53 (1993), S. 851.

2 *A. Mączyński*, Verfassungsgerichtsbarkeit in Polen: Von der Idee zur Institutionen, in: Uruszczak/Baran/Karabowicz (Hg.), Separation of Powers and Parliamentarism: The past and the Present. Law, Doctrine, Prattice, 2007, S. 146 und *P. Tuleja*, Der polnische Verfassungsgerichtshof. Handbuch Ius Publicum Europaeum Band VI: Ius Publicum Europaeum Band VI: Verfassungsgerichtsbarkeit in Europa: Institutionen Bearbeitet von Prof. Dr. Armin Bogdandy, Peter M. Huber, Prof. Dr. Dr. Christoph Grabenwarter, Dr. Anuscheh Farahat, Heidelberg 2016, S. 471.

3 *L. Garlicki*, Die Verfassungsgerichtsbarkeit in Polen, in: G. Brunner, L. Garlicki Verfassungsgerichtsbarkeit in Polen. Analysen und Entscheidungssammlung 1986 - 1997, Baden-Baden, 1999, S. 73.

Konstytucji z 1997 r. Działalność orzecznicza Trybunału miała też istotne znaczenie dla określenia jego własnej pozycji ustrojowej w nowej Konstytucji.

W trakcie prac nad Konstytucją formułowano rozbieżne propozycje dotyczące modelu sądownictwa konstytucyjnego. Po pierwsze postulowano likwidację Trybunału Konstytucyjnego i powierzenie jego kompetencji Sądowi Najwyższemu. Uzasadnieniem miał być komunistyczny rodowód Trybunału oraz konieczność wymiany części jego składu – sędziów wybranych przed 1989 r. Jednak rola jaką Trybunał odegrał po 1989 r. spowodowała, że przeważył pogląd o pozostawieniu go w nowej konstytucji. Trybunał Konstytucyjny mimo niedemokratycznej genezy i ograniczeń ustrojowych narzuconych przez władzę komunistyczną stał się po 1989 roku sądem konstytucyjnym w pełnym tego słowa znaczeniu. Jego orzecznictwo stanowiło podstawę transformacji ustrojowej. Dlatego też powinien on zostać wpisany do nowej konstytucji. Jego zasadniczym zadaniem powinna być nadal kontrola konstytucyjności prawa. Należy wzmocnić jego pozycję ustrojową przez zagwarantowanie pełnej niezależności Trybunałowi i jego sędziom oraz przyznanie waloru ostateczności orzeczeniom. Postulaty te zostały zrealizowane w trakcie prac Komisji Konstytucyjnej Zgromadzenia Narodowego. Komisja postanowiła, że Trybunał powinien pozostać nadal „sądem prawa" i nie powinien kontrolować zgodności z konstytucją orzeczeń sądów. Tezę tę popierali przede wszystkim sędziowie Sądu Najwyższego uczestniczący w pracach nad projektem konstytucji. Jej akceptacja miała bezpośredni wpływ na kształt skargi konstytucyjnej. W myśl art. 79 ust. 1 Konstytucji skargę konstytucyjną można złożyć przeciwko przepisom ustawy lub innego aktu normatywnego, o ile przepisy te były podstawą orzeczenia wydanego względem skarżącego[4]. Trybunał Konstytucyjny, obok Sądu Najwyższego i Naczelnego Sadu Administracyjnego, został zaliczony do organów władzy sądowniczej. Specyfika polskiego modelu sądownictwa konstytucyjnego polega na tym, że został on ukształtowany w okresie państwa komunistycznego. Działalność orzecznicza po 1989 wzmocniła legitymacje ustrojową Trybunału. Kelsenowski model sądu konstytucyjnego stał się podstawą prac konstytucyjnych. W trakcie prac nad Konstytucją nie debatowano szerzej nad występującymi we współczesnym konstytucjonalizmie modelami sądownictwa konstytucyjnego ani nie widziano potrzeby dokonania wyboru między nimi. Nie zastanawiano się czy przyjęty model sądownictwa konstytucyjnego odpowiada nowej koncepcji nadrzędności

---

4 *P. Tuleja*, Die Verfassungsbeschwerde in Polen. Verfassungsentwicklung in Litauen Und Polen im Kontext der Europäisierung (Hrsg. Egidius Šileikis) Vilnius 2010, S. 89 - 106.

Konstytucji oraz konieczności ochrony praw człowieka. W mojej ocenie wąski zakres przedmiotowy skargi konstytucyjnej miał negatywny wpływ na poziom ochrony praw człowieka.

Podstawowe zadanie Trybunału Konstytucyjnego polega na dokonywaniu hierarchicznej kontroli norm. W myśl art. 188 Konstytucji Trybunał Konstytucyjny orzeka w sprawach:

1) zgodności ustaw i umów międzynarodowych z Konstytucją,
2) zgodności ustaw z ratyfikowanymi umowami międzynarodowymi, których ratyfikacja wymagała uprzedniej zgody wyrażonej w ustawie,
3) zgodności przepisów prawa, wydawanych przez centralne organy państwowe, z Konstytucją, ratyfikowanymi umowami międzynarodowymi i ustawami. W przypadku postępowań zainicjowanych skargą konstytucyjną lub pytaniem prawnym sądu przedmiotem badania mogą być też inne akty normatywne. Przez akt normatywny rozumie się akt zawierający generalno - abstrakcyjne normy prawne. Poza tym Trybunał Konstytucyjny orzeka o zgodności celów i działalności partii politycznych z Konstytucją, rozstrzyga spory kompetencyjne między centralnymi organami państwa oraz orzeka o czasowej niezdolności prezydenta do sprawowania urzędu. W tej ostatniej sprawie Trybunał nie wydał jeszcze orzeczenia. Natomiast w dwóch poprzednich orzekał jedynie sporadycznie. Postępowanie przed Trybunałem może zostać zainicjowane na trzy sposoby: przez złożenie wniosku, pytania prawnego lub skargi konstytucyjnej. Z wnioskiem mogą wystąpić dwie kategorie podmiotów. Pierwszą stanowią naczelne organy państwa (m.in. Prezydent, Marszałek Sejmu Prokurator Generalny, Rzecznik Praw Obywatelskich). Ich wniosek ma charakter abstrakcyjny i jest oderwany od konkretnej sprawy. Drugą grupę wnioskodawców stanowią: Krajowa Rada Sądownictwa, organy stanowiące jednostek samorządu terytorialnego, ogólnokrajowe organy związków zawodowych oraz ogólnokrajowe władze organizacji pracodawców i organizacji zawodowych, kościoły i inne związki wyznaniowe. Podmioty te, kwestionując legalność aktu normatywneo, mogą wystąpić z wnioskiem do Trybunału, o ile dotyczy on spraw objętych ich zakresem działania. Każdy sąd może wystąpić z pytaniem prawnym do Trybunału w sprawie hierarchicznej kontroli norm, gdy od odpowiedzi na pytanie prawne zależy rozstrzygnięcie sprawy toczącej się przed sądem. Każdy kto jest podmiotem konstytucyjnych wolności lub praw może wystąpić ze skargą konstytucyjną[5]. W przypadku

5 *B. Banaszkiewicz*, Endscheidungen des Verfassungsgerichtshofes der Republik Polen seit dem Inkraftteten der neuen Verfassung bis zum Urteil über die EU - Mitgliedschaft (1997 - 2005), Warszawa 2006, S. 16.

> skargi konstytucyjnej istnieją jednak ograniczenia: po pierwsze wzorcem kontroli mogą być wyłącznie przepisy Konstytucji, które wyrażają wolności lub prawa konstytucyjne. Po drugie przedmiotem skargi konstytucyjnej mogą być tylko takie przepisy, które zostały zastosowane przez sąd lub organ administracji do rozstrzygnięcia sprawy skarżącego. Skarga konstytucyjna ma więc zakotwiczenie w indywidualnym rozstrzygnięciu ale jej przedmiotem jest wyłącznie ustawa lub inny akt normatywny. Skarga konstytucyjna, to w istocie indywidualny wniosek w sprawie kontroli norm o generalno - abstrakcyjnym charakterze[6].

Wzorcami kontroli mogą być przepisy Konstytucji, ratyfikowanych umów międzynarodowych lub ustaw. W praktyce najczęściej są nimi przepisy Konstytucji. Przepisy umówi międzynarodowych jako wzorce kontroli są powoływane najczęściej związkowo wraz z przepisami Konstytucji. Najczęściej powoływaną umowa jest europejska konwencja praw człowieka. Przedmiotem kontroli są najczęściej ustawy lub rozporządzenia wykonawcze do ustaw. Stosunkowo rzadko przedmiotem kontroli były umowy międzynarodowe. Najważniejsze orzeczenia w tym zakresie był: wyrok z 11 maja 2005 r. K 18/04 stwierdzający zgodność z Konstytucją traktatu akcesyjnego na mocy, którego Polska przystąpiła do Unii Europejskiej[7] oraz wyrok z 24 listopada 2009 r., K 32/09 stwierdający zgodność z Konstytucją umowy ratyfikującej traktat Lizboński[8]. Trybunał Konstytucyjny uznał, że przedmiotem kontroli mogą być również rozporządzenia UE. Jest to możliwe, gdy postępowanie zostałoby wszczęte przez złożenie skargi konstytucyjnej[9]. Dopuszczalność rozpoznania takiej skargi została obwarowana tyloma wymogami formalnymi, że praktycznie wykluczają one badanie zgodności rozporządzeń UE z Konstytucją[10]. Stosunkowo rzadkie odwoływanie się przez Trybunał do umów międzynarodowych jako wzorców kontroli wynika z tego, że najczęściej są one powoływane łącznie z przepisami Konstytucji i Trybunał

---

6 *P. Tuleja*, a.a.O., S. 95.

7 http://trybunal.gov.pl/en/case-list/judicial-decisions/art/6080-polands-membership--in-the-european-union-the-accession-treaty.

8 http://trybunal.gov.pl/en/hearings/judgments/art/4867-traktat-z-lizbony/.

9 Selected Rulings of the Polish Constitutional Tribunal concering the law of the European Union (2003 - 2014), Studia i Materiały Trybunału Konstytucyjnego Vol. LI, 2014, S. 247.

10 *A. Szmyt*, The Constitutional Tribunal in Poland in the Light of Draft Legislation to Amend the Polish Constitution, in: Festgabe zu Ehren von Andrzej Szmyt, Regensburg 2016, S. 171.

ograicza się do wykładni wzorców konstytucyjnych. Rzadkie wypowiadanie się przez Trybunał o umowach międzynarodowych wynika również z tego, że Trybunał nie rozstrzyga w indywidualnych sprawach. Równocześnie art. 91 Konstytucji upoważnia organy stosujące prawo do odmowy zastosowania ustawy sprzeczną z ratyfikowaną umową międzynarodową.

Postępowanie przed Trybunałem Konstytucyjnym w sprawie hierarchicznej kontroli norm zawsze ma charakter generalno – abstrakcyjny. Również w przypadku skargi konstytucyjnej Trybunał bada wyłączenie akt normatywny zastosowany względem skarżącego, nie rozstrzyga o naruszeniu praw skarżącego. Sam Trybunał bardzo często podkreśla, że jest „sądem prawa", wypowiada się tylko co do hierarchicznej zgodności norm prawnych. Trybunał stosuje dwa kryteria kontroli aktów normatywnych. Bada tryb prawodawczy, w którym dan akt został przyjęty. Nie każde naruszenie reguł trybu skutkuje naruszeniem Konstytucji. Z naruszeniem takim mamy do czynienia, gdy naruszona została reguła wskazana w Konstytucji. Jeżeli chodzi o inne reguły, np. określone w regulaminach parlamentarnych, to powodują one naruszenie Konstytucji, tylko gdy równocześnie godzą w istotne zasady konstytucyjne. Podstawowym kryterium kontroli sprawowanej przez Trybunał Konstytucyjny jest hierarchiczna zgodność norm. Twórcy polskich rozwiązań oraz sam Trybunał podkreślali wielokrotnie, że jego zadaniem jest ustalenie treści normatywnej kontrolowanych przepisów, ustalenie normatywnej treści przepisów Konstytucji lub innego aktu hierarchicznie wyższego i wydanie sądu o zgodności tych norm. W postępowaniu przed Trybunałem Konstytucyjnym obowiązuje zasada skargowości oraz zasada domniemania zgodności z Konstytucją ustaw i innych kontrolowanych aktów normatywnych. Zasady te są podstawą dla przyjętego przez Trybunał Konstytucyjny sposobu rozkładu ciężaru dowodu[11]. Co do zasady to wnioskodawca powinien obalić domniemanie konstytucyjności zaskarżonych przepisów ustawy. W razie braku przedstawienia przez wnioskodawcę odpowiednich argumentów Trybunał może umorzyć postępowanie i nie orzekać o konstytucyjności kontrolowanych przepisów. Uczestnikami postępowania przed Trybunałem Konstytucyjnym, oprócz wnioskodawcy, jest przedstawiciel organu, który wydał zaskarżony akt normatywny oraz Prokurator Generalny[12]. W sprawach wszczętych na skutek skargi konstytucyjnej, a od niedawna również pytań prawnych

---

11 *K. Wojtyczek*, The application of the accusatorial procedure tot he review of legal norms before the Constitutional Tribunal in Poland, The Sejm Review Third Special Edition, 2007, S. 105.

12 *B. Banaszkiewicz*, a.a.O., S. 18.

uczestnikiem postępowania może być Rzecznik Praw Obywatelskich, o ile zgłosi udział w postępowaniu.

Obowiązująca Konstytucja była tworzona w oparciu o założenie, w myśl którego podstawowym celem Trybunału Konstytucyjnego jest zagwarantowanie pionowej spójności systemu prawa. Cel ten miał być realizowany przez hierarchiczną kontrole norm. Zagwarantowanie spójności pionowej jest zadaniem wszystkich organów stosujących prawo, przede wszystkim sądów. Powinny one zapewniać spójność pionową w drodze odpowiedniej interpretacji przepisów, przede wszystkim powinny dokonywać wykładni ustaw w zgodzie z Konstytucją. Jeżeli nie byłoby możliwe uzgodnienie treści hierarchicznie różnych przepisów, to sprawę powinien rozstrzygać Trybunał Konstytucyjny. Kwestią otwartą pozostawało na ile Trybunał Konstytucyjny może w oparciu o ogólnie sformułowane przepisy Konstytucji wyznaczać granice działalności ustawodawcy. W latach dziewięćdziesiątych wyrażane było przekonanie, że z wielu ogólnie sformułowanych przepisów Konstytucji nie można wyprowadzić norm prawnych przy pomocy uznanych reguł wykładni. Trybunał Konstytucyjny był postrzegany jako organ, który nie będzie zbyt aktywistycznie wkraczał w zakres władzy ustawodawczej oraz organ, który nie będzie w ogóle wkraczał w zakres władzy sądów sprawujących wymiar sprawiedliwości w jednostkowych sprawach. Konsekwentna realizacja takiego założenia była wątpliwa od chwili wejścia w życie w 1997 r. Konstytucji[13]. Po pierwsze już wcześniej Trybunał Konstytucyjny dokonał dynamiczniej wykładni zasady państwa prawnego rekonstruując z niej istotną część porządku konstytucyjnego. Po drugie Konstytucja z 1997 r. w rozdziale pierwszym zawiera rozbudowany katalog ogólnych zasad charakteryzujących ustrój państwa, a w rozdziale drugim rozbudowany katalog praw człowieka i środków ich ochrony. Kluczowe znaczenie ma stwierdzenie, że Konstytucja jest najwyższym prawem Rzeczpospolitej a jej przepisy powinny być bezpośrednio stosowane. Podtsawą konstytucyjnej aksjologii są: zasada państwa prawnego oraz zasada ochrony nienaruszalnej i niezbywalnej godności człowieka stanowiącej źródło jego wolności i praw. Konstytucja implikuje napięcie między pasywnym sposobem określania zadań Trybunału Konstytucyjnego, a rozbudowanym katalogiem konstytucyjnych zasad, na straży, których ma stać Trybunał.

Pod rządami Konstytucji Trybunał Konstytucyjny uznał, że gwarantowanie spójności pionowej i hierarchiczna kontrola norm jest jedynie środkiem do celu

---

13 *L. Garlicki*, Entwicklung der polnischen Verfassungsgerichtsbarkeit in rechtsvergleichender Sicht, in: G. Brunner, L. Garlicki Verfassungsgerichtsbarkeit in Polen. Analysen und Entscheidungssammlung 1986 – 1997, Baden – Baden, 1999, S. 18.

jakim jest zagwarantowanie ochrony konstytucyjnego systemu wartości, którego jądro stanowią prawa człowieka. Ta zmiana w postrzeganiu własnej roli przez Trybunał Konstytucyjny zmodyfikowała sposób jego postępowania, a w konsekwencji zmodyfikowała model sądownictwa konstytucyjnego w Polsce. Modyfikacja ta dotyczy: przedmiotu kontroli, sposobu jej dokonywania oraz rodzajów wyroków Trybunału i ich skutków[14]. Trybunał Konstytucyjny uznał, że w przypadku skargi konstytucyjnej i pytania prawnego przedmiotem kontroli może być każdy akt normatywny, o ile był lub może być zastosowany względem osoby. Zakres kognicji Trybunału nie jest ograniczony do aktów normatywnych wymienionych w art. 188 Konstytucji. W oparciu o powyższe założenie Trybunał uznał, że wprawdzie nie ma kompetencji do badana zaniechań prawodawczych, ale może badać pominięcia prawodawcze. Z tymi ostatnimi mamy do czynienia, gdy ustawodawca uregulował jakąś kwestię, ale zakres regulacji jest zbyt wąski. Dzięki wprowadzonemu rozróżnieniu Trybunał Konstytucyjny może badać nie tylko akty normatywne, ale również luki w prawie. W określonych sytuacjach może stwierdzać, że takie luki stanowią naruszenie Konstytucji[15]. Kluczowe znaczenie dla ustalania treści aktów normatywnych ma obecnie orzecznictwo sądów. Zdaniem Trybunału jeżeli dany przepis jest w sposób jednolity rozumiany przez sądy, to takie rozumienie staje się podstawą kontroli przed Trybunałem. Nawet, gdyby Trybunał mógł dokonać innej wykładni kontrolowanego przepisu. Pośrednio prowadzi to do kontroli konstytucyjności orzecznictwa sądów.

Celem orzekana o zgodności z Konstytucja aktów normatywnych stało się przede wszystkim budowanie konstytucyjnych standardów, którymi powinny kierować się wszystkie organy państwa. Oznacza to nie tylko ustalanie treści norm konstytucyjnych i porównywanie ich z normami ustawowymi. W postępowaniu przed Trybunałem ustala się również sposób w jaki kontrolowane akty prawne funkcjonują w praktyce. Wykładnia przepisów Konstytucji bardzo często opiera się na ważeniu konstytucyjnych zasad oraz ustalaniu ich otoczenia normatywnego. Taki sposób wykładni Konstytucji oraz pośrednie badanie sądowego stosowania prawa powoduje, że coraz bardziej zaciera się różnica między kontrolą aktów stanowienia i stosowania prawa.

---

14 *P. Tuleja*, Der polnische Verfassungsgerichtshof. Handbuch Ius Publicum Europaeum Band VI: Ius Publicum Europaeum Band VI: Verfassungsgerichtsbarkeit in Europa: Institutionen Bearbeitet von Prof. Dr. Armin Bogdandy, Peter M. Huber, Prof. Dr. Dr. Christoph Grabenwarter, Dr. Anuscheh Farahat, Heidelberg 2016, S. 515.

15 *P. Tuleja*, Proceeding Before the Constitutional Court in Relation to Hierarchical Review of Norms, The Sejm Review Fifth Special Edition, Warszawa 2014, S. 47 - 65.

Konieczność ochrony nadrzędności Konstytucji ma istotny wpływ na rodzaje wyroków wydawanych przez Trybunał Konstytucyjny. Formuła „orzeka w sprawach zgodności ustaw z Konstytucją" stanowi podstawę dla kilku rodzajów wyroków. Poza tzw. wyrokami prostymi stwierdzającymi zgodność lub niezgodność kontrolowanego przepisu z przepisem Konstytucji, Trybunał Konstytucyjny wydaje również orzeczenia interpretacyjne, zakresowe oraz aplikacyjne. Orzeczenia interpretacyjne określają wiążący sposób rozumienia kontrolowanego przepisu lub sposób interpretacji, który organy stosujące prawo powinny odrzucić. Orzeczenia zakresowe wskazują określoną treść przepisu, która jest niekonstytucyjna lub wskazują niekonstytucyjne braki w przepisie. Orzeczenia aplikacyjne wskazują najczęściej w jakim zakresie niekonstytucyjny przepis może być stosowany lub ograniczają możliwość wznowienia postępowania po uznaniu przepisu za niezgodny z Konstytucją. Zróżnicowane formuły wyroków wskazują, że Trybunał Konstytucyjny jest nie tylko negatywnym prawodawcą. Skutkiem jego orzeczeń jest nie tylko uchylanie norm prawnych, ale również dalej idące zmiany normatywne w systemie prawa. Niekiedy zmiany te mają charakter prawotwórczy[16].

Faktyczna zmiana modelu sądownictwa konstytucyjnego jaka dokonała się pod rządami Konstytucji z 1997 r. powodowała konflikty z Sądem Najwyższym, który krytykował przede wszystkim wydawanie przez Trybunał Konstytucyjny wyroków interpretacyjnych. Jednak orzecznictwo Trybunału miało dotąd znaczący wpływ na orzecznictwo sądów tak w zakresie wykładni Konstytucji jak i wykładni ustaw w zgodzie z Konstytucją[17].

Do niedawna nie dochodziło do istotnych konfliktów Trybunału z parlamentem czy rządem na tle wydawanych orzeczeń. Natomiast poszczególne ugrupowania polityczne kontestowały wybrane orzeczenia Trybunału. Najbardziej krytykowany był wydany 11 maja 2007 r. wyrok K 2/07 w sprawie zgodności z Konstytucją ustawy lustracyjnej[18]. Ustawy nakładającej obowiązek ujawniania i sprawdzania współpracy z komunistyczną służbą bezpieczeństwa. Wyrok ten ograniczył zakres podmiotowy lustracji oraz zaostrzył prawne rygory jej przeprowadzania. Krytyka Trybunału przełożyła się na projekt zmiany ustawy o Trybunale Konstytucyjnym, który bez zmiany Konstytucji miał za zadanie ograniczenie jego kompetencji[19]. Jednak do 2015 roku pozycja ustrojowa

---

16 *B. Banaszkiewicz*, a.a.O., S. 24.

17 *L. Garlicki*, Constitutional courts versus supreme courts, International Journal of Constitutional Law, Volume 5, Issue 1, 1 January 2007, S. 44 - 68.

18 http://ipo.trybunal.gov.pl/ipo/Sprawa?cid=1&dokument=444&sprawa=4291.

19 Por. Wyrok TK z 9 marca 2016 r., K 47/15 http://citizensobservatory.pl/ustawa/judgment-of-the-constitutional-tribunal-sygn-k-4715/.

Trybunału Konstytucyjnego nie była szerzej kwestionowana. Nie toczyły się ani na gruncie politycznym ani w doktrynie prawa poważne dyskusje nad zmianą przepisów Konstytucji określających kompetencje, sposób kształtowania i działania Trybunału Konstytucyjnego. W 2013 roku Prezes Trybunału Konstytucyjnego zainicjował prace nad nową ustawą o Trybunale Konstytucyjnym. Miała ona przede wszystkim usprawnić procedurę postępowania przed Trybunałem i zmodyfikować tryb powoływania sędziów. Sędziowie są powoływani przez Sejm bezwzględna większością głosów. Projekt ustawy przewidywał rozbudowane procedury zgłaszana kandydatów. Możliwość zgłaszana kandydatów, wprawdzie w sposób niewiążący, miały uzyskać m.in. wydziały prawa szkół wyższych i prawnicze samorządy zawodowe. Bardziej transprarentna miała być procedura oceny kandydatów. Propozycje zmian procesowych zostały uchwalone, natomiast propozycje dotyczące wyboru sędziów zostały odrzucone przez wszystkie partie polityczne. Wejście w życie ustawy nastąpiło tuż przed upływem kadencji pięciorga sędziów Trybunału. Równocześnie nowa ustawa wprowadziła przepisy przejściowe, które zrywały z dotychczasową zasadą, w myśl której Sejm może wybierać sędziego Trybunału tylko gdy w trakcie trwania kadencji Sejmu kończy się dziewięcioletnia kadencja sędziego. Kończący swą kadencję Sejm niejako „awansem" wybrał dwóch sędziów, pomimo że kadencje ich poprzedników kończyły się po zakończeniu kadencji Sejmu. Spór o wybór sędziów zapoczątkował kryzys konstytucyjny[20].

Trybunał Konstytucyjny w swej ponad trzydziestoletniej historii przeszedł znaczną ewolucję od pasywnego sądu, który w ograniczonym zakresie kontrolował hierarchiczną spójność prawa do aktywnego strażnika Konstytucji. Strażnika, którego głównym zadaniem jest ochrona praw człowieka oraz konkretyzowanie podstawowych zasad ustrojowych. Po 1997 roku faktyczna rola Trybunału Konstytucyjnego była znacznie silniejsza niż wynikałoby to z brzmienia samej Konstytucji. Trybunał w oparciu o jej przepisy sformułował szereg standardów konstytucyjnych, wyznaczając nie tylko granice działalności ustawodawcy, ale również pozytywne obowiązki w zakresie stanowienia prawa. Orzecznictwo Trybunału miało też istotny wpływ na orzecznictwo sądów.

Kryzys konstytucyjny stawia obecnie pod znakiem zapytania pozycję ustrojową Trybunału Konstytucyjnego oraz istniejący model sądownictwa konstytucyjnego. Kryzys skutkuje m.in. dokonywaniem przez sądy tzw. rozporszonej kontroli zgodności ustaw z Konstytucją. W myśl art. 178 ust. 1 Konstytucji

20 http://www.hfhr.pl/wp-content/uploads/2016/09/HFHR_The-constitutional-crisis-in--Poland-2015-2016.pdf.

sędziowie są związani Konstytucją oraz ustawą. To stanowi podstawę do odmowy stosowania ustaw niezgodnych z Konstytucją, w szczególności gyd ustawa narusza prawa człowieka[21]. Odmowa zastosowania przez sąd w konkretnej sprawie ustawy jest uważana przez organy władzy ustawodawczej i wykonawczej za nie mające podstaw w Konstytucji.

Z perspektywy ostatnich dwóch lat można stwierdzić, że spór o wybór sędziów TK był zaledwie pretekstem do wywołania obecnego kryzysu konstytucyjnego. Uchwalona 13 grudnia 2015 r. ustawa o TK oraz odmowa publikacji wyroku Trybunału stwierdzającego jej niezgodność z Konstytucją, naruszyły podstawy sądownictwa konstytucyjnego w Polsce. Kolejne projekty ustaw dotyczące sądów powszechnych i Sądu Najwyższego budzą zasadnicze wątpliwości konstytucyjne. Z wypowiedzi przedstawicieli większości parlamentarnej, przedstawicieli rządu i Prezydenta wynika, że kwestionują oni cały porządek prawny ustanowiony w 1997 r. W obliczu tak rozległego kryzysu konstytucyjnego trudno obecnie przewidywać czy sądownictwo konstytucyjne w Polsce przetrwa i jak będzie jego przyszły kształt.

---

21 *M.Gutowski/ P. Kardas*, Wykładnia i stosowanie prawa w procesie opartym na Konstytucji, 2017, S. 688.

Piotr Tuleja

Das polnische Verfassungsgerichtswesen

Die Tradition des Rechtsstaatsprinzips reicht in Polen bis ins 16. Jahrhundert zurück. Es bildete sich in der Zeit der sogenannten Ersten Polnischen Republik heraus.

Die Verfassung vom 3. Mai 1791 vertrat das Rechtsstaatlichkeitsprinzip und sollte das Fundament für die Herausbildung eines modernen polnischen Konstitutionalismus bilden. Infolge der Teilung Polens im Jahr 1795 verschwand Polen jedoch von den Landkarten. Nach dem Ersten Weltkrieg und der wiedererlangten Unabhängigkeit wurde die Märzverfassung von 1921 zur Grundlage des polnischen Staates. Sie war angelehnt an das Vorbild der Dritten Französischen Republik. Diese Verfassung sah keinen Verfassungsgerichtshof vor und Art. 80 schloss die richterliche Kontrolle der Verfassungsmäßigkeit von Gesetzen prinzipiell aus. Infolgedessen konnten nur vereinzelte gerichtliche Äußerungen im Hinblick auf die Vereinbarkeit von Gesetz und Verfassung zur Kenntnis genommen werden. Eine umfassende Normenkontrolle fand in der Praxis nicht statt.

Die 1935 verabschiedete Aprilverfassung hatte autoritären Charakter. Sie schloss die Kontrolle über die Verfassungsmäßigkeit des Rechts nicht länger nur aus, sondern bot der Untergrabung der Unabhängigkeit der Justiz den rechtlichen Rahmen. In der Lehre bildete sich jedoch die Überzeugung heraus, dass die Einführung eines Verfassungsgerichtshofes nach österreichischem Modell zweckmäßig sei.

Nach dem Zweiten Weltkrieg war Grundlage der Verfassung der Volksrepublik Polen das Prinzip der Vormachtstellung der kommunistischen Partei. Das Verfassungsgerichtswesen wurde als Institution eines bourgeoisen Staates angesehen, unvereinbar mit den Grundsätzen von Marxismus und Leninismus. Trotzdem kam es gerade unter dieser Verfassung zur Einführung eines Verfassungsgerichtshofes. Dass die Forderungen der Solidarność nach unabhängigen Gerichten und einem Verfassungsgerichtshof im Jahr 1981 auf die Zustimmung des kommunistischen Regimes trafen, hatte jedoch spezifische Gründe. 1982 wurden die entsprechenden Verfassungsänderungen vorgenommen, 1985 wurde das Verfassungsgerichtsgesetz verabschiedet und 1986 fällte der Verfassungsgerichtshof sein erstes Urteil. Die Einführung von Verfassungsgerichtshof, Staatsgerichtshof und der Institution des Beauftragten für Bürgerrechte sollte den Eindruck eines demokratischen Systems erwecken, in dem die Folgen des

1981 eingeführten Kriegsrechts aufgehoben worden seien. Das kommunistische Regime nahm an, den Gerichtshof komplett kontrollieren zu können. Der Gerichtshof hatte keine starke institutionelle Position. Anwärter für den Verfassungsgerichtshof brauchten eine Empfehlung der kommunistischen Partei, und die Entscheide zur Verfassungswidrigkeit konnten im Sejm mit Zweidrittelmehrheit abgelehnt werden.[1] Der Gerichtshof spielte zunächst auch keine wichtige institutionelle Rolle. Ebenso wenig konnte er die Achtung der Menschenrechte garantieren. In den Jahren 1986–1989 wurden dennoch einige wichtige Urteile gefällt, unter anderem in Bezug auf das Gleichheitsprinzip und das Ausschließlichkeitsprinzip.

Die Urheber des polnischen Verfassungsgerichtswesens stützten sich vor allem auf die Ansätze, die in Österreich Schule gemacht hatten. Mit den österreichischen Ansätzen zum Obersten Gericht sowie der Österreichischen Schule der Rechtstheorie waren die polnischen Juristen am besten vertraut. Die Einführung eines institutionell starken Verfassungsgerichtshofs, dessen Hauptaufgabe es gewesen wäre, die Menschenrechte zu schützen, war dagegen im kommunistischen Staat undenkbar.[2]

Das derzeitige Verfassungsgerichtsmodell entstand von 1989 - 1997. Vereinfachend kann man sagen, dass die Aufnahme des Rechtsstaatsprinzips sowie provisorischer Verfassungsprinzipien in die Verfassung der Volksrepublik im Jahr 1989 für die Schaffung einer Verfassungsgerichtsbarkeit von essenzieller Bedeutung war. Die genannten Prinzipien galten bis 1997. 1989 kam es zum Regimewechsel, der sich allerdings nicht ganz in den entsprechenden Verfassungsänderungen widerspiegelte. Vor allem bis 1997 stand in den Verfassungsvorschriften nicht der ganze Katalog der Menschenrechte. Für den Gerichtshof bot sich somit die Chance der schöpferischen Auslegung der Verfassung. Grundlage für diese Art Auslegung war das Prinzip des demokratischen Rechtsstaats. Der Verfassungsgerichtshof berief sich hier vor allem auf die deutsche Rechtslehre. Die Rechtsprechung des Bundesverfassungsgerichts hatte aus dem

---

1 *G. Brunner*, Die neue Verfassungsgerichtsbarkeit in Osteuropa, Zeitschrift für ausländisches öffentliches Recht und Völkerrecht, 53 (1993), S. 851.

2 *A. Mączyński*, Verfassungsgerichtsbarkeit in Polen: Von der Idee zur Institution, in: Uruszczak/Baran/Karabowicz (Hg.), Separation of Powers and Parliamentarism: The past and the Present. Law, Doctrine, Practice, 2007, S. 146, und *P. Tuleja*, Der polnische Verfassungsgerichtshof. Handbuch Ius Publicum Europaeum Band VI: Ius Publicum Europaeum Band VI: Verfassungsgerichtsbarkeit in Europa: Institutionen, bearbeitet von Armin Bogdandy, Peter M. Huber, Christoph Grabenwarter, Anuscheh Farahat, Heidelberg 2016, S. 471.

Rechtsstaatsprinzip zahlreiche Prinzipien abgeleitet, die für die Träger staatlicher Gewalt verbindlichen Charakter hatten. Dazu gehörten, unter anderem, die Prinzipien der Gewaltenteilung, des Rechtsschutzes und des Vertrauensschutzes. Der polnische Verfassungsgerichtshof schuf mit seiner Rechtsprechung die Verfassungsgrundlagen für einen funktionierenden Staat und infolgedessen verbindliche Verfassungsstandards.[3] Viele davon fanden anschließend direkten Eingang in die Verfassung von 1997. Die rechtsprechende Tätigkeit des Gerichtshofs war zudem für seine eigene institutionelle Verortung in der neuen Verfassung von wesentlicher Bedeutung.

Während der Ausarbeitung der Verfassung gab es unterschiedliche Vorschläge zur Ausgestaltung des polnischen Verfassungsgerichtswesens. Zunächst wurde gefordert, den Verfassungsgerichtshof aufzulösen und seine Kompetenzen dem Obersten Gericht zu übertragen. Zur Begründung wurden der kommunistische Hintergrund des Gerichts angeführt sowie die Dringlichkeit, einen Teil des Personals auszutauschen – die Richter, die vor 1989 gewählt worden waren. Die Rolle des Verfassungsgerichtshofs nach 1989 bewirkte aber, dass am Ende die Ansicht überwog, die bisherigen Strukturen auch in der neuen Verfassung beizubehalten. Trotz der undemokratischen Entstehungsgeschichte und der gesetzlichen Einschränkungen durch das kommunistische Regime wurde das Gericht nämlich nach 1989 zu einem Verfassungsgerichtshof im wahrsten Sinne des Wortes. Seine Rechtsprechung wurde Grundlage des politischen Wandels. Deshalb sah man es als wichtig an, den Gerichtshof auch in die neue Verfassung mit aufzunehmen. Seine Hauptaufgabe sollte weiterhin sein, die Verfassungsmäßigkeit des Rechts zu kontrollieren. Die institutionelle Position sollte durch die Garantie der vollständigen Unabhängigkeit von Gerichtshof und Richtern sowie die Anerkennung der Endgültigkeit der Entscheidungen gestärkt werden.

Die Forderungen wurden nach und nach von der Verfassungskommission der Nationalversammlung umgesetzt. Die Kommission entschied, dass der Verfassungsgerichtshof auch weiterhin „Gericht“ bleiben sollte und nicht über die Verfassungsmäßigkeit von Gerichtsentscheiden zu entscheiden hatte. Diese These vertraten vor allem die Richter des Obersten Gerichts, die am Verfassungsentwurf beteiligt waren. Ihre Zustimmung hatte unmittelbaren Einfluss auf die Definition der Verfassungsbeschwerde. Gemäß Art. 79 Abs. 1 der Verfassung ist es möglich, eine Verfassungsbeschwerde gegen gesetzliche Vorschriften

3 *L. Garlicki*, Die Verfassungsgerichtsbarkeit in Polen, in: G. Brunner, L. Garlicki, Verfassungsgerichtsbarkeit in Polen. Analysen und Entscheidungssammlung 1986–1997, Baden-Baden, 1999, S. 73.

oder andere Rechtsnormen einzulegen, falls sie Grundlage eines Urteils gegen den Beschwerdeführer waren.[4] Neben dem Obersten Gericht und dem Obersten Verwaltungsgericht zählte der Verfassungsgerichtshof nun zu den Organen der Judikative. Die Besonderheit des polnischen Verfassungsgerichtsmodells begründet sich darin, dass es entstand, als Polen noch ein kommunistischer Staat war. Die Rechtsprechung nach 1989 stärkte seine institutionelle Legitimität. Genau deshalb wurde das kelsenianische Verfassungsmodell zur Grundlage der verfassungsrechtlichen Arbeit. Während der Ausarbeitung der Verfassung diskutierte man nicht viel über die im zeitgenössischen Konstitutionalismus existierenden Modelle zum Verfassungsgerichtswesen und sah auch nicht die Notwendigkeit, sich zwischen verschiedenen Modellen zu entscheiden. Man stellte sich nicht die Frage, ob dieses Modell des Verfassungsgerichtswesens zum neuen Grundsatz des Vorrangs der Verfassung und der Notwendigkeit des Schutzes der Menschenrechte passte. Meiner Ansicht nach wirkte sich der enge Anwendungsbereich der Verfassungsbeschwerde ungünstig auf das Schutzniveau der Menschenrechte aus.

Die Grundkompetenz des Verfassungsgerichtshofs ist die Ausübung der hierarchischen Normenkontrolle. Laut Artikel 188 der Verfassung entscheidet der Verfassungsgerichtshof in folgenden Rechtssachen:

1) der Vereinbarkeit von Gesetzen und völkerrechtlichen Verträgen mit der Verfassung,
2) der Vereinbarkeit von Gesetzen mit ratifizierten völkerrechtlichen Verträgen, deren Ratifizierung eine vorherige gesetzliche Zustimmung voraussetzte,
3) der Vereinbarkeit der von zentralen Staatsorganen erlassenen Rechtsvorschriften mit der Verfassung, ratifizierten völkerrechtlichen Verträgen und dem Gesetz.

Im Falle der Initiierung eines Verfahrens, das durch eine Verfassungsbeschwerde oder eine Rechtsfrage eingeleitet wurde, kann der Gerichtshof auch andere Rechtsetzungsakte prüfen. Unter Rechtsetzungsakten versteht man Rechtsnormen mit generellabstraktem Charakter. Darüber hinaus urteilt der Verfassungsgerichtshof im Hinblick auf die Verfassungsmäßigkeit von Zielen und Tätigkeiten der politischen Parteien, regelt Streitigkeiten über die Zuständigkeit zwischen zentralen staatlichen Organen sowie über die zeitweise Freistellung des Präsidenten

4 *P. Tuleja*, Die Verfassungsbeschwerde in Polen. Verfassungsentwicklung in Litauen und Polen im Kontext der Europäisierung (Hrsg. Egidius Šileikis), Vilnius 2010, S. 89 – 106.

von seinem Amt. In Bezug auf den letzten Punkt gab es bis dato keine Urteile. Zu den zwei vorherigen Punkten existieren bereits Urteile, jedoch nur sporadisch.

Ein Verfahren vor dem Verfassungsgerichtshof kann auf drei verschiedene Arten eingeleitet werden: durch einen Antrag, eine Rechtsfrage oder eine Verfassungsbeschwerde. Im Hinblick auf die Antragsbefugnis lassen sich zwei Kategorien von Rechtssubjekten unterscheiden. Zu Ersterer gehören die obersten Staatsorgane (unter anderem der Präsident, der Sejmmarschall, der Generalstaatsanwalt, der Beauftragte für Bürgerrechte). Ein durch sie eingelegter Antrag hat abstrakten Charakter und steht nicht im Zusammenhang mit einer konkreten Angelegenheit. Zur zweiten Kategorie der Antragsteller gehören der Staatliche Richterrat, die verschiedenen Organe der Gebietskörperschaften, die landesweiten Organe von Gewerkschaften, Unternehmerverbänden und Branchenverbänden, Kirchen und andere Religionsgemeinschaften. Diese Rechtssubjekte können Anträge an den Verfassungsgerichtshof stellen, wenn es um Angelegenheiten in ihrem Tätigkeitsbereich geht und diese die Rechtmäßigkeit eines normativen Rechtsaktes in Frage stellen.

Jedes Gericht kann sich mit Rechtsfragen zur hierarchischen Normenkontrolle an den Verfassungsgerichtshof wenden, wenn von der Antwort auf die Rechtsfrage ein Rechtsentscheid abhängt.

Jeder, der Träger der in der Verfassung gesicherten Grundfreiheiten und Grundrechte ist, kann schließlich eine Verfassungsbeschwerde einlegen.[5] Für den Fall der Verfassungsbeschwerde gelten jedoch Einschränkungen: Hintergrund der Kontrolle können erstens nur Verfassungsvorschriften sein, die sich auf die in der Verfassung genannten Grundfreiheiten und Grundrechte beziehen. Zweitens können nur die Vorschriften zum Gegenstand einer Verfassungsbeschwerde werden, die von einem Gericht oder einem Verwaltungsorgan zur Entscheidung über die Rechtssache des Beschwerdeführers erlassen wurden. Die Verfassungsbeschwerde hat also Einzelfallentscheidungscharakter, ihr Gegenstand sind aber ausschließlich Gesetze oder andere Rechtsetzungsakte. Eine Verfassungsbeschwerde ist demnach im Grunde genommen ein Einzelantrag auf Normenkontrolle mit generellabstraktem Charakter.[6]

Hintergrund der Kontrolle können Verfassungsvorschriften sein, Vorschriften ratifizierter völkerrechtlicher Verträge oder gesetzliche Vorschriften. In der Praxis sind es in den meisten Fällen Verfassungsvorschriften. Am häufigsten

---

5 *B. Banaszkiewicz*, Entscheidungen des Verfassungsgerichtshofes der Republik Polen seit dem Inkrafttreten der neuen Verfassung bis zum Urteil über die EU-Mitgliedschaft (1997–2005), Warszawa 2006, S. 16.

6 *P. Tuleja*, a.a.O., S. 95.

geltend gemacht wird nebst den Verfassungsvorschriften der Hintergrund von Vorschriften völkerrechtlicher Verträge durch Gewerkschaften. Der Vertrag, auf den sich am meisten berufen wird, ist die Europäische Menschenrechtskonvention. Gegenstand der Kontrolle sind am häufigsten Gesetze oder die zu Gesetzen gehörenden Durchführungsverordnungen. Eher selten kontrolliert wurden bislang völkerrechtliche Verträge. Die wichtigsten Urteile in diesem Zusammenhang waren: das Urteil vom 11. Mai 2005 (Az.: K 18/04), das die Vereinbarkeit des Beitrittsvertrags zur EU mit der polnischen Verfassung bestätigte[7] und das Urteil vom 24. November 2009 (Az.: K 32/09), in dem das Abkommen zur Ratifizierung des Vertrags von Lissabon für verfassungsmäßig erklärt wurde.[8] Zudem hat der Verfassungsgerichtshof anerkannt, dass auch EU-Verordnungen Gegenstand einer Überprüfung sein können.[9] Dies ist möglich, wenn das Verfahren durch eine Verfassungsbeschwerde eingeleitet wurde. Die Zulässigkeit einer Beschwerde dieser Art wurde jedoch an so viele formelle Anforderungen geknüpft, dass es fast unmöglich ist, die Vereinbarkeit von EU-Verordnungen mit der Verfassung zu kontrollieren.[10] Dass vor dem Verfassungsgerichtshof verhältnismäßig selten gegen völkerrechtliche Verträge vorgegangen wird, liegt daran, dass sie meist laut Verfassungsvorschriften erstellt werden und der Verfassungsgerichtshof sich auf die Auslegung des verfassungsrechtlichen Rahmens beschränkt. Dass sich der Verfassungsgerichtshof nur selten zu völkerrechtlichen Verträgen äußert, hängt auch damit zusammen, dass der Gerichtshof keine Individualentscheidungen trifft. Gleichzeitig ermächtigt Artikel 91 der Verfassung die rechtsprechenden Organe zur Ablehnung der Anwendung von Gesetzen, die mit ratifizierten völkerrechtlichen Verträgen unvereinbar sind.

Verfahren vor dem Verfassungsgerichtshof in Bezug auf die hierarchische Kontrolle von Normen haben immer generellabstrakten Charakter. Auch im Falle der Verfassungsbeschwerde prüft der Gerichtshof ausschließlich den Rechtssetzungsakt, der den Beschwerdeführer betrifft, entscheidet aber nicht über eine Verletzung der Rechte des Beschwerdeführers. Der Gerichtshof selbst

7 http://trybunal.gov.pl/en/case-list/judicial-decisions/art/6080-polands-membership-in-the-european-union-the-accession-treaty.

8 http://trybunal.gov.pl/en/hearings/judgments/art/4867-traktat-z-lizbony/.

9 Selected Rulings of the Polish Constitutional Tribunal concering the law of the European Union (2003 – 2014), Studia i Materiały Trybunału Konstytucyjnego Vol. LI, 2014, S. 247.

10 *A. Szmyt*, The Constitutional Tribunal in Poland in the Light of Draft Legislation to Amend the Polish Constitution, in: Festgabe zu Ehren von Andrzej Szmyt, Regensburg 2016, S. 171.

betont sehr häufig, dass er ein „Gericht“ ist und sich nur zur Vereinbarkeit von Rechtsnormen und höherrangigen Normen äußert. Es wendet zwei Kriterien der Kontrolle von Rechtsnormen an. Es prüft einerseits das Gesetzgebungsverfahren, in dem eine Rechtsnorm angenommen wurde. In den meisten Fällen ist es das Gesetzgebungsverfahren, das in der Verfassung verankert ist. Nicht jeder Fehler im Gesetzgebungsverfahren führt zur Verfassungswidrigkeit. Dies ist vielmehr nur dann der Fall, wenn gegen eine Regelung verstoßen wird, die in der Verfassung benannt ist. In anderen Fällen, beispielsweise bei Verstoß gegen Vorschriften, die in den parlamentarischen Regelungen spezifiziert sind, tritt Verfassungswidrigkeit nur dann ein, wenn gleichzeitig wesentliche Verfassungsprinzipien berührt sind.

Das grundlegende Kriterium der von dem Verfassungsgerichtshof ausgeübten Kontrolle ist die hierarchische Normenkontrolle. Die Denker hinter den polnischen Lösungswegen und der Gerichtshof selbst betonten mehrmals, dass seine Aufgaben darin liegen, einen normativen Katalog für kontrollierte Vorschriften, Verfassungsvorschriften oder andere höherrangige Rechtsnormen zu erstellen und über die Vereinbarkeit dieser Normen zu entscheiden.

In Verfahren vor dem Verfassungsgerichtshof sind das Klageprinzip und der Grundsatz der Vermutung der Verfassungsmäßigkeit von Gesetzen und anderen kontrollierten Rechtsnormen von erheblicher Bedeutung. Diese Prinzipien sind die Grundlage der Beweislastaufteilung des Verfassungsgerichtshofs.[11] Was dies betrifft, sollten die Antragsteller die Verfassungsmäßigkeit der angefochtenen gesetzlichen Vorschriften widerlegen können. Bringt der Antragstellende die entsprechenden Argumente nicht vor, kann der Gerichtshof ein Verfahren einstellen, ohne über die Verfassungsmäßigkeit der kontrollierten Vorschriften zu entscheiden. Zu den Beteiligten in Verfahren vor dem Verfassungsgerichtshof gehören neben dem Antragsteller der Vertreter der Behörde, welche den angefochtenen Rechtsetzungsakt erlassen hat, und der Generalstaatsanwalt.[12] In aufgrund von Verfassungsbeschwerden sowie seit Kurzem auch im Falle von durch Rechtsfragen eingeleiteten Verfahren kann ein weiterer Beteiligter der Beauftragte für Bürgerrechte sein, sofern er seine Teilnahme erklärt.

Die derzeitige Verfassung wurde in dem Gedanken verfasst, dass es das grundlegende Ziel des Verfassungsgerichtshofs ist, die vertikale Kohärenz des Rechtssystems zu garantieren. Dieses Ziel sollte durch eine hierarchische

---

11 *K. Wojtyczek*, The application of the accusatorial procedure tot he review of legal norms before the Constitutional Tribunal in Poland, The Sejm Review Third Special Edition, 2007, S. 105.

12 *B. Banaszkiewicz*, a.a.O., S. 18.

Normenkontrolle umgesetzt werden. Die Sicherstellung der vertikalen Kohärenz ist Aufgabe aller Rechtssprechungsorgane, vor allem die der Gerichte. Sie sollten die vertikale Kohärenz durch die angemessene Auslegung der Rechtsvorschriften sicherstellen und vor allem die Gesetze gemäß der Verfassung auslegen. Falls die Vereinbarkeit von Rechtsvorschriften verschiedenen Ranges nicht möglich ist, ist es Sache des Verfassungsgerichtshofs, zu entscheiden. Offen bleibt, inwiefern der Verfassungsgerichtshof, ausgehend von allgemein gehaltenen Verfassungsvorschriften, der Gesetzgebungstätigkeit Grenzen setzen kann. In den neunziger Jahren war man überzeugt, dass sich mithilfe der bekannten Auslegungsregeln aus vielen der allgemein gehaltenen Verfassungsvorschriften keine Rechtsnormen ableiten lassen. Man schätzte den Verfassungsgerichtshof als Rechtsorgan ein, das nicht besonders aktiv in den Gesetzgebungsbereich eingreifen und sich überhaupt nicht in die Arbeit der Gerichte einmischen würde, die Individualentscheidungen trafen. Ob dies zutraf, war seit dem Inkrafttreten der Verfassung von 1997 fraglich.[13] Erstens war der Verfassungsgerichtshof schon zuvor durch eine dynamische Auslegung der Grundsätze des Rechtsstaates aufgefallen und hatte damit einen Teil der verfassungsmäßigen Ordnung wiederhergestellt. Zweitens enthält das erste Kapitel der Verfassung von 1997 einen umfassenden Katalog allgemeiner Grundsätze zur staatlichen Ordnung und das zweite Kapitel wiederum einen umfassenden Katalog der Menschenrechte und der Maßnahmen zu ihrem Schutz. Von entscheidender Bedeutung ist die Feststellung, dass die Verfassung das oberste Gesetz der Republik Polen ist und ihre Vorschriften unmittelbar anzuwenden sein sollten. Die Grundlagen verfassungsrechtlicher Axiologie sind: Rechtsstaatlichkeit und der Grundsatz des Schutzes der unantastbaren und unveräußerlichen Würde des Menschen, der die Quelle seiner Freiheit und seiner Rechte ist. Die Verfassung impliziert so eine Spannung zwischen der eher passiven Beschreibung der Aufgaben des Verfassungsgerichtshofs und dem umfassenden Katalog der Verfassungsgrundsätze, die von allen nationalen Behörden zu befolgen sind.

Vor dem Hintergrund dieser Verfassung erkannte der Gerichtshof, dass die Garantie der vertikalen Kohärenz und der hierarchischen Normenkontrolle der einzige Weg zur Sicherung des in der Verfassung festgeschriebenen Wertesystems ist, in dessen Zentrum die Menschenrechte stehen. Der Gerichtshof ist der konstitutionelle Garant für die Umsetzung dieses Systems. Der Wandel in

13 *L. Garlicki*, Entwicklung der polnischen Verfassungsgerichtsbarkeit in rechtsvergleichender Sicht, in: G. Brunner, L. Garlicki, Verfassungsgerichtsbarkeit in Polen. Analysen und Entscheidungssammlung 1986–1997, Baden-Baden, 1999, S. 18.

der Wahrnehmung der eigenen Rolle veränderte das Vorgehen des Verfassungsgerichtshofs und somit auch das ganze Verfassungsgerichtswesen in Polen. Die Veränderungen betrafen: den Gegenstand der Kontrolle, die Art und Weise ihrer Durchführung, die Entscheidungen des Gerichtshofs sowie ihre Folgen.[14] Der Verfassungsgerichtshof befand, dass in den Fällen von Verfassungsbeschwerden und Rechtsfragen jeder Rechtsetzungsakt zum Gegenstand der Kontrolle gemacht werden kann, der gegenüber einer Person angewendet wird oder wurde. Der Erkenntnisbereich des Gerichtshofs beschränkt sich nicht nur auf die in Art. 188 der Verfassung genannten Rechtsnormen. Ausgehend von den oben genannten Annahmen wurde befunden, dass man zwar nicht das Recht habe, gesetzgeberisches Unterlassen zu prüfen, aber doch das Recht auf die Prüfung von gesetzgeberischer Nichtbeachtung. Letzteres ist der Fall, wenn eine Frage durch den Gesetzgeber geregelt wurde, der Anwendungsbereich aber sehr eingeschränkt ist. Dank der eingeführten Unterscheidung kann der Verfassungsgerichtshof nicht nur Rechtsetzungsakte, sondern auch Rechtslücken prüfen. In bestimmten Situationen kann er so festlegen, welche Rechtslücken gegen die Verfassung verstoßen.[15] Von entscheidender Bedeutung dafür ist dies derzeit für die Kontrolle der Rechtsprechung der Gerichte. Dem Verfassungsgerichtshof zufolge ist, im Falle eines einheitlichen Verständnisses einer Rechtsnorm von Seiten der Gerichte, dieses Verständnis die Grundlage seiner Kontrolle. Dies gilt auch dann, wenn eine andere Auslegung der kontrollierten Rechtsnorm durch den Verfassungsgerichtshof möglich wäre. Indirekt führt dies zur Kontrolle der Verfassungsmäßigkeit der gerichtlichen Rechtsprechung.

Zum Ziel der Urteile über die Verfassungsmäßigkeit von Rechtsakten ist somit auch der Aufbau von Verfassungsstandards geworden, die von allen staatlichen Organen zu befolgen sind. Dazu gehören nicht nur die Festlegung des Inhalts von Verfassungsnormen und ihr Vergleich mit den Gesetzesnormen. In Verfahren vor dem Verfassungsgerichtshof wird auch bestimmt, wie die kontrollierten Rechtsnormen in der Praxis funktionieren. Die Auslegung von Verfassungsvorschriften gründet sich sehr häufig auf die Abwägung von Verfassungsprinzipien und die Bestimmung ihres normativen Umfelds. Diese Art der Verfassungsauslegung sowie die indirekte Prüfung der Anwendung des Rechts durch die

---

14 *P. Tuleja*, Der polnische Verfassungsgerichtshof. Handbuch Ius Publicum Europaeum Band VI: Ius Publicum Europaeum Band VI: Verfassungsgerichtsbarkeit in Europa: Institutionen Bearbeitet von Prof. Dr. Armin Bogdandy, Peter M. Huber, Prof. Dr. Dr. Christoph Grabenwarter, Dr. Anuscheh Farahat, Heidelberg 2016, S. 515.

15 *P. Tuleja*, Proceeding Before the Constitutional Court in Relation to Hierarchical Review of Norms, The Sejm Review Fifth Special Edition, Warszawa 2014, S. 47 - 65.

Gerichte bewirken, dass die Grenze zwischen der Kontrolle von Rechtsetzungsakten und der Kontrolle von Rechtsprechung immer mehr verschwimmt.

Die Notwendigkeit, den Vorrang der Verfassung zu schützen, hat entscheidenden Einfluss auf die Art der Urteile des Verfassungsgerichtshofs. Die Formel „Urteilt in Sachen der gesetzlichen Verfassungsmäßigkeit" ist die Grundlage für verschiedene Arten von Entscheidungen. Neben den sogenannten einfachen Urteilen, die Vereinbarkeit oder Unvereinbarkeit der kontrollierten Vorschrift mit dem Verfassungsprinzip feststellen, fällt der Verfassungsgerichtshof auch Auslegungsentscheidungen, Bemessungsentscheidungen und Anwendungsentscheidungen. Auslegungsentscheidungen definieren das verbindliche Verständnis der kontrollierten Vorschrift oder eine Art der Interpretation, die von den Strafverfolgungsbehörden nicht mehr angewendet werden sollte. Bemessungsentscheidungen weisen auf bestimmte Teile einer Vorschrift hin, die nicht verfassungsmäßig sind, oder auf nicht verfassungsmäßige Mängel einer Vorschrift. Anwendungsentscheidungen weisen meistens darauf hin, inwiefern eine nicht verfassungsmäßige Vorschrift angewandt werden kann, oder begrenzen die Möglichkeit einer Wiederaufnahme, nachdem eine Vorschrift als nicht verfassungsmäßig bezeichnet wurde. Die verschiedenen Urteilsformeln zeigen vor allen Dingen, dass der Verfassungsgerichtshof nicht nur negativer Gesetzgeber ist. Zu den Folgen seiner Entscheide gehören nicht nur die Aufhebung von Rechtsnormen, sondern auch weitergehende normative Änderungen im Rechtssystem. Manchmal haben diese Veränderungen Rechtsetzungscharakter.[16]

Der faktische Wandel im Verfassungsgerichtsmodell unter der Verfassung von 1997 bewirkte einen Konflikt mit dem Obersten Gerichtshof, dessen Kritik sich vor allem gegen die Auslegungsentscheidungen richtete.[17] Die Rechtsprechung des Verfassungsgerichtshofs hatte dennoch einen großen Einfluss auf die Rechtsprechung der Gerichte, sowohl was die Auslegung der Verfassung betrifft wie auch im Hinblick auf die verfassungsgemäße Auslegung von Gesetzen.

Bis vor kurzer Zeit gab es in Bezug auf die Urteile keine wesentlichen Konflikte zwischen Verfassungsgerichtshof und Parlament oder Regierung. Doch einzelne politische Gruppierungen stellten ausgewählte Urteile des Gerichtshofs infrage. Am stärksten kritisiert wurde Urteil K 2/07 vom 11. Mai 2007 zur Verfassungsmäßigkeit des Lustrationsgesetzes.[18] Das Gesetz verpflichtete zur Offenlegung und Überprüfung der Zusammenarbeit mit dem kommunistischen

---

16 *B. Banaszkiewicz*, a.a.O., S. 24.

17 *L. Garlicki*, Constitutional courts versus supreme courts, International Journal of Constitutional Law, Volume 5, Issue 1, 1 January 2007, S. 44 – 68.

18 http://ipo.trybunal.gov.pl/ipo/Sprawa?cid=1&dokument=444&sprawa=4291.

Sicherheitsdienst. Das Urteil schränkte den Anwendungsbereich der „Durchleuchtung“ ein und verschärfte die rechtlichen Bedingungen ihrer Durchführung. Die Kritik am Verfassungsgerichtshof mündete in den Gesetzesentwurf zur Novellierung des Verfassungsgerichtsgesetzes, der ohne Verfassungsänderungen darauf abzielte, die Kompetenzen des Gerichtshofes einzuschränken.[19] Bis 2015 wurde die institutionelle Position des Verfassungsgerichtshofs jedoch nicht weiter infrage gestellt. Weder in der Politik noch in der Rechtslehre gab es ernsthafte Diskussionen zu der Änderung der Verfassungsvorschriften zu den Kompetenzen, der Arbeit und dem Wirken des Verfassungsgerichtshofs. 2013 initiierte der Präsident des Verfassungsgerichtshofs die Aufnahme der Arbeit am neuen Verfassungsgerichtsgesetz. Es sollte vor allen Dingen das Verfahren vor dem Gerichtshof verbessern und das Ernennungsverfahren von Richtern verändern. Die Richter werden im Falle einer absoluten Mehrheit der Stimmen durch den Sejm ernannt. Der Gesetzesentwurf sah vor, das Verfahren für die Ernennung von Kandidaten um die Möglichkeit zu erweitern, dass Kandidaten – unverbindlich – durch Rechtsfakultäten von Universitäten oder juristische Berufsverbände vorgeschlagen werden konnten. Zudem sollte das Verfahren zur Bewertung der Bewerber transparenter gestaltet werden. Die Vorschläge zur Verfahrensänderung wurden angenommen, die Vorschläge zur Auswahl der Richter jedoch von allen politischen Parteien abgelehnt. Das Gesetz trat unmittelbar vor dem Ablauf der Amtszeit von fünf Verfassungsrichtern in Kraft. Mit dem neuen Gesetz wurden Übergangsverordnungen eingeführt, die mit dem bisherigen Prinzip brachen, dass der Sejm nur berechtigt ist, Verfassungsrichter zu ernennen, wenn in seiner Legislaturperiode die Amtszeit eines Verfassungsrichters endet. Vor Ende der Legislaturperiode ernannte der Sejm sozusagen „im Voraus“ zwei Verfassungsrichter, obwohl die Amtszeit ihrer Vorgänger erst nach dem Ende der Legislaturperiode des Sejms endete. Der Streit um die Ernennung der Richter löste eine Verfassungskrise aus.[20]

In seiner über dreißigjährigen Geschichte hat der Verfassungsgerichtshof eine große Entwicklung durchgemacht: vom passiven Gerichtshof, der nur eingeschränkt die hierarchische Kohärenz des Rechts überwachte, zum aktiven Wächter der Verfassung. Die Hauptaufgabe dieses Wächters ist der Schutz der Menschenrechte und die Spezifizierung grundlegender Rechtsprinzipien. Nach 1997 war die Rolle des Verfassungsgerichtshofs faktisch viel größer, als man es

---

19 Por. Wyrok TK z 9 marca 2016 r., K 47/15 http://citizensobservatory.pl/ustawa/judgment-of-the-constitutional-tribunal-sygn-k-4715/.

20 http://www.hfhr.pl/wp-content/uploads/2016/09/HFHR_The-constitutional-crisis-in-Poland-2015-2016.pdf.

aus der Verfassung selbst hätte schließen können. Ausgehend von den in ihr festgeschriebenen Prinzipien formulierte der Gerichtshof eine Reihe von Verfassungsstandards und steckte damit nicht nur die Grenzen des Gesetzgebers ab, sondern auch positive Pflichten der Rechtsprechung. Die Rechtsprechung des Verfassungsgerichtshofs hatte zudem entscheidenden Einfluss auf die Rechtsprechung der Gerichte.

Aktuell werden die institutionelle Verortung des Verfassungsgerichtshofs und das derzeitige Verfassungsgerichtsmodell durch die Verfassungskrise infrage gestellt. Die Krise führt unter anderem dazu, dass die Gerichte eine sog. verteilte Kontrolle im Hinblick auf die Vereinbarkeit der von Gesetzen mit der Verfassung durchführen. Nach Art. 178 Abs. 1 der Verfassung sind die Richter an die Verfassung und das Gesetz gebunden. Dieser Artikel stellt auch die Grundlage für eine Weigerung dar, verfassungswidrige Gesetze anzuwenden, insbesondere wenn das Gesetz die Menschenrechte verletzt.[21] Vor dem Hintergrund der letzten zwei Jahre lässt sich feststellen, dass der Streit um die Ernennung der Verfassungsrichter nur ein Vorwand war, damit es überhaupt zu dieser Krise kommt. Das am 13. Dezember 2015 verabschiedete Gesetz zum Verfassungsgerichtshof und die Ablehnung des Urteils des Gerichtshofs zu dessen Verfassungswidrigkeit missachteten die Grundlagen des polnischen Verfassungsgerichtswesens. Die darauffolgenden Gesetzesentwürfe zu den ordentlichen Gerichten und dem Obersten Gerichtshof geben grundlegende Zweifel an dem Respekt vor der Verfassung. Die Äußerungen des Großteils der Vertreter in Parlament und Regierung sowie des Präsidenten lassen darauf schließen, dass sie die ganze Rechtsordnung infrage stellen, auf die man sich 1997 geeinigt hatte. In Anbetracht der Ausmaße dieser Verfassungskrise ist derzeit schwer abzusehen, ob das Verfassungsgerichtswesen in Polen fortbestehen und wie es in Zukunft aussehen wird.

---

21 *M. Gutowski/P. Kardas*, Wykładnia i stosowanie prawa w procesie opartym na Konstytucji, 2017, S. 688.

Fryderyk Zoll

Das Verfassungsgericht und die heutige Lage der Justiz in Polen*

Bevor ich zum eigentlichen Gegenstand meines Vortrags komme, muss ich kurz erklären und entschuldigen (oder vielleicht ist das auch die Schuld des Veranstalters, dass ich eingeladen wurde), dass ich kein Verfassungsrechtler, sondern ein Privatrechtler bin und deswegen vor einer besonderen Aufgabe stehe, weil ich im Bereich des Verfassungsrechts nicht im engeren Sinne wissenschaftlich profiliert und ausgewiesen bin. Ich hoffe gleichwohl, zu den hier zu erörternden Fragen der Rechtsstaatlichkeit und den damit verbundenen Problemen aus Sicht eines polnischen Rechtswissenschaftlers einen Beitrag leisten und Ihnen die dortige Situation näherbringen zu können, die durch einen Angriff der exekutiven Gewalt auf die Organe der Rechtspflege, darunter den Verfassungsgerichtshof, gekennzeichnet ist. Neben meiner Rolle als Hochschullehrer des Privatrechts bin ich auch im Komitee zur Verteidigung der Demokratie in Polen tätig. Das heißt, dass meine praktische Auseinandersetzung mit dem Thema dieses Symposiums aus dem Blickwinkel einer politischen Tätigkeit (wenn auch eigener Art) erfolgt.

Die verfassungsrechtliche Krise in Polen dauert weiterhin an,[1] auch wenn man feststellen muss, dass die Partei von Jarosław Kaczyński erstmals alle Ziele bezüglich des Verfassungsgerichtshofes erreicht hat. Der Verfassungsgerichtshof, einstmals eine der bedeutendsten Institutionen der Rechtspflege in Polen, hat seine Bedeutung vollständig verloren. Er dient jetzt lediglich der Legitimierung der verfassungswidrigen Handlungen der Macht bzw. der Feststellung der Verfassungswidrigkeit der Gesetze, die aus Sicht der Macht aus der Rechtsordnung wegzuschaffen sind.[2] Der polnische Ombudsmann hat letztlich seine Anträge

---

* Schriftliche Fassung des Vortrags, den der Autor bei der Tagung „Funktionsbedingungen unabhängiger Verfassungsgerichtsbarkeit" am 20. Oktober 2017 gehalten hat.

1 *A. von Bogdandy*, Jenseits der Rechtsgemeinschaft – Begriffsarbeit in der europäischen Sinn- und Rechtsstaatlichkeitskrise, EuR 2017, S. 487 – 512.

2 Als Beispiele solcher Handlungen können z. B. die Entscheidungen (Urteil vom 17.3.2017, Kp 1/17) über sog. zyklische Demonstrationen (Feststellung der Verfassungsmäßigkeit einer gegen die Versammlungsfreiheit verstoßenden Regelung) oder die Entscheidung (Urteil vom 20.6.2017, K 5/17) über die Regeln der Wahl zum Richterrat (Feststellung der Verfassungswidrigkeit, um für die Notwendigkeit einer verfassungswidrigen Reform eine Rechtfertigung zu liefern).

auf die Überprüfung der Verfassungsmäßigkeit einzelner Gesetze zurückgenommen, weil es – nicht zuletzt wegen der verfassungswidrigen Besetzung des Gerichtshofes – an der Garantie der Richtigkeit einer solchen Kontrolle fehlt (wegen der Beteiligung der verfassungswidrig gewählten Richter innerhalb des Spruchkörpers). Die praktische Zerschlagung des Verfassungsgerichtshofes verschwindet aber allmählich aus der öffentlichen Debatte. Zum Teil haben andere Ereignisse das Schicksal des Verfassungsgerichtshofes überschattet – insbesondere der Angriff der Exekutive auf die Unabhängigkeit der allgemeinen und höchstrichterlichen Justiz; zum Teil aber ist eine gewisse Resignation eingetreten oder zumindest eine Überzeugung, dass erst mit der Veränderung der politischen Umstände eine Sanierung des Verfassungsgerichtshofes möglich wird.

Die Aufgabe der Verfassungskontrolle wird praktisch durch die allgemeine Gerichtsbarkeit wahrgenommen, auch wenn die aktuell Regierenden auf ganz verschiedene Weise, auch mit strafrechtlichen Mitteln, dieser Entwicklung entgegenzuwirken versuchen.

Wie sieht diese Entwicklung aus der Perspektive der Partei Prawo i Sprawiedliwość (PiS), wörtlich übersetzt „Recht und Gerechtigkeit", aus? Kann man Argumente finden, die die getroffenen Maßnahmen rechtfertigen können? Gibt es überhaupt die Möglichkeit, eine kohärente juristische Theorie zu liefern, welche den Positionen der PiS-Partei einen intellektuellen Halt verleihen? Sehr verkürzt könnte diese Auseinandersetzung auf zwei Namen zurückgeführt werden. Herr Professor Tuleja hat den Namen Hans Kelsen als eine der intellektuellen „Quellen" der Verfassungsgerichtsbarkeit genannt. In der Tat schöpfte das polnische Verfassungsgericht aus der kelsenschen Tradition und aus dessen Gedankengut.[3] Die Unterwerfung des Verfassungsgerichtshofes durch die politische Macht könnte ihre Inspiration hingegen in einer anderen Persönlichkeit aus dem deutschsprachigen Rechtskreis finden. Einer Persönlichkeit, die erstaunlicherweise (vor allem, wenn man die Zurückhaltung der PiS-Partei gegenüber Deutschland berücksichtigt) eine bedeutende Rolle in den rechten Kreisen der polnischen politischen Szene gespielt hat, nämlich bei Carl Schmitt.[4] Carl Schmitt hat in Polen eine Renaissance erfahren[5] und das Gedankengut der PiS beeinflusst. Direkt nach den durch die PiS gewonnenen Wahlen hat ein Mitglied des Sejms, Kornel Morawiecki, der zwar formell nicht dem Lager der PiS

---

3 Vgl. dazu: *H. Kelsen/R. Ooyen* (Hrsg.), Wer soll Hüter der Verfassung sein?, 1. Auflage, 2008.

4 Vgl. *B. Rüthers*, Wer war Carl Schmitt? Bausteine zu einer Biographie, NJW 1994, 1681 (1681).

5 *Ł. Święcicki*, *Carl Schmitt* i *Leo Strauss*, 2015, S. 18.

angehört, aber diesem Lager sehr nahe (auch durch seinen Sohn, den heutigen Ministerpräsidenten Mateusz Morawiecki) steht, in einer Nachtsitzung des Sejms mit Nachdruck gesagt, dass der Wille des Volkes über dem Recht stehe.[6] In dieser Rede wird der Kern der politischen Philosophie der PiS erfasst, wobei der Wille des Volkes mit dem Willen des Parteivorsitzenden gleichgestellt wird.

Für *Jarosław Kaczyński* leidet das System der polnischen dritten Republik (Polen in Jahren 1989 – 2015) an einer Krankheit, der sog. „Juridifizierung",[7] die aus seiner Sicht bereits zu der Zeit, die Herr *Tuleja* beschrieben hat, also bereits vor der Wende, stattgefunden hat. *Jarosław Kaczyński* hat eine gewisse Fähigkeit zur Schöpfung von Neologismen, die zutreffend seinen Geisteszustand beschreiben. Aus seiner Perspektive waren die in der Vorwendezeit geschaffenen rechtsstaatlichen Rechtsinstitutionen, wie der Ombudsmann, das Verfassungsgericht und die Verwaltungsgerichtsbarkeit, lediglich Attrappen des Legalismus, welche die Demokratie verdrängt und an ihrer Stelle die Macht der Juristen etabliert haben. Nach der Wende habe diese Macht der Juristen es ermöglicht, dass eine demokratische Veränderung des Staates eigentlich nicht stattfinden konnte, weil diese Institutionen des Rechtsschutzes auch bestimmte Verhältnisse der späten Republik perpetuiert hätten. Die verfassungsrechtlichen Garantien hätten damit letztlich den Fortbestand des Systems, das eigentlich die Kommunisten etabliert hatten, durch den von ihnen gewährleisteten Rechtsschutz gesichert.[8]

Das heißt also, dass laut *Kaczyński* die polnische Revolution nicht vollzogen werden konnte.[9] Das habe die postkommunistischen Verhältnisse versteinert und ihnen einen weitreichenden Rechtsschutz gewährleistet. Die Problematik

---

6 Diese Aussage von *K. Morawiecki* (https://wpolityce.pl/polityka/273101-kornel-morawiecki-w-sejmie) wurde später in einem Interview mit der Deutschen Welle durch seinen Sohn *M. Morawiecki* wiederholt, siehe www.dw.com/en/mateusz-morawiecki-eu-completely-misunderstood-the-situation/a-37547967. Vgl. *B. Rüthers*, Wer war Carl Schmitt? Bausteine zu einer Biographie, NJW 1994 1683 (1681).

7 Vgl. dazu: *W. Gadomski*, *Gazeta Wyborcza*, 2016; http://wyborcza pl/1,75968,19578184,kaczynski-dazy-do-wladzy-ponad-prawem.html; *R. Vetter*, Analyse: Von Kaczyńskis Gnaden/Die neue nationalkonservative Regierung, 2015, http://www.bpb.de/216737/analyse-von-kaczyskis-gnaden-die-neue-nationalkonservativeregierung (aufgerufen am 22.03.18).

8 *Jarosław Kaczyński*, ‚Czy Polska jest państwem prawa? Wykład na Uniwersytecie Jagiellońskim', in: Pressje, 24/2011, S. 227–229, http://pressje.pl/media/pressje_shop/article/article_issue_7.pdf (aufgerufen am 24.03.2018).

9 Vgl. www.faz.net, ‚Darum geht es im Streit um Polens Politik', http://www.faz.net/aktuell/politik/ausland/erlaeuterungen-zur-geplanten-justizreformin-polen-15112790.html (aufgerufen am 23.03.2018).

war also, dass man trotz gewonnener Wahlen keine eigentliche Veränderung des Staates durchführen konnte. Und deswegen musste die Macht der Gerichte abgebaut werden.[10] Das war das politische Programm, mit welchem Herr *Kaczyński* angetreten ist.[11] Eigentlich war das, was er tat, konsequent. Im Jahr 2006 kommt es zu einer Entscheidung des Verfassungsgerichtshofes, indem das durch die PiS-Koalition verabschiedete Gesetz über erweiterte Lustration für verfassungswidrig erklärt wurde. In diesem Zusammenhang formulierte *Jarosław Kaczyński* den zweiten Begriff, der für die Debatte wesentliche Bedeutung erlangt hat: den des Impossibilismus.[12] Der Begriff bringt zum Ausdruck, dass die Macht der Regierung durch das Recht so weitgehend eigenschränkt ist, dass die Regierung handlungsunfähig wird und ihren politischen Willen nicht durchsetzen kann.[13] Das Verfassungsgericht sei durch seine Rechtsprechung auf ganz besondere Weise für den Impossibilismus verantwortlich.

Bereits zu dieser Zeit hat sich *Jarosław Kaczyński* vorgenommen, die Macht des Verfassungsgerichts gesetzlich einzuschränken. Damals konnte aber der Entwurf des entsprechenden Gesetzes nicht durchgesetzt werden, weil der Sejm aufgelöst wurde und damit auch die Macht der PiS beendet war. Zur gleichen Zeit hat man einen Entwurf einer eigenen Verfassung vorbereitet, die den Vorstellungen der PIS über Staat und Recht entsprechen sollte.[14] Versuchte man, diesen Entwurf kurz vor den Wahlen 2015 im Internet zu finden, stieß man freilich stets auf die Meldung, dass ein ‚Error 404‘ vorliege. Dieser Entwurf wurde auch so genannt, das heißt ein Entwurf der Verfassung, in dem auch die für die Feststellung der Verfassungswidrigkeit notwendige Mehrheitsentscheidung angehoben wird.[15] Diese Vorhaben sind deswegen wichtig, weil sie die These der PiS widerlegen, dass die Handlungen der Partei gegen das Verfassungsgericht im Jahre 2015 spontane Reaktionen auf die aktuellen politischen Ereignisse waren.

---

10 Vgl. *Bucholc/Komornik*, Die PiS und das Recht Verfassungskrise und polnische Rechtskultur, Osteuropa 2016, https://www.zeitschriftosteuropa.de/hefte/2016/1-2/die-pis-und-das-recht/#_ftnref2, (aufgerufen am 24.03.2018).

11 Vgl. *Jarosław Kaczyński* (Fn. 8).

12 Dieser Begriff kommt eigentlich von dem katholisch-konservativen Politiker *Marek Jurek*. Die Karriere dieser Formulierung beginnt aber erst mit ihrer Übernahme durch *Kaczyński*. *J. Zajadło*, Anachronizm pojęcia „imposybilizm prawny“, http://studioopinii.pl/archiwa/171587.

13 *Ziemer*, Das politische System Polens: Eine Einführung, 2013, Wiesbaden.

14 Siehe Art. 135 des Entwurfes – http://www.niezniknelo.com/konstytucjaPiS2010.pdf.

15 Vgl. *Stasiński*, Błąd 404, czyli gdzie jest konstytucja, 2015, http://wyborcza.pl/1,75968,19056030,blad-404-czyli-gdzie-jest-konstytucja.html?disableRedirects=true (aufgerufen am 23.03.2018).

In der Tat hat die noch im Sommer 2015 regierende Bürgerplattform in der letzten Phase ihrer Regierung einen strategischen Irrtum begangen. Die Wahlniederlage voraussehend, wollte die Bürgerplattform erreichen, dass die in diesem Jahr zu räumenden Richterstellen noch durch das alte Parlament besetzt werden. Die Amtsperiode von drei Richtern endete zusammen mit dem Ende der Amtsperiode des Sejms. Das Ende der Amtsperiode von zwei weiteren Richtern trat im Dezember, also schon während der Amtsperiode des neuen Sejms, ein. Man hat dann ganz kurzfristig das Gesetz geändert, welches als Grundlage für die Wahl der Richter diente.[16] Alle fünf Richter wurden daher noch vor dem Ende der parlamentarischen Amtsperiode gewählt.

Dieses Vorgehen der Bürgerplattform verstieß gegen die Verfassung. Durch die Festlegung der Amtszeiten der Richter, die nicht zum gleichen Zeitpunkt endeten, wollte man erreichen, dass die politische Macht nicht auf einmal alle Richter wählen kann und vor allem in keinem Fall berechtigt sein sollte, die künftigen Richter zu bestimmen, deren Amtsperiode erst während der Amtsperiode der künftigen Parlamente geendet hätte. Dieser Irrtum zog ganz weitreichende Konsequenzen nach sich. Das vor den Wahlen verabschiedete Gesetz wurde von der damaligen Opposition als verfassungswidrig erachtet und die PiS stellte ohne Zögern einen Antrag auf die Überprüfung der Verfassungsmäßigkeit dieses Gesetzes.[17] Dann kam es zu den von der PiS gewonnenen Wahlen und der Antrag wurde von der Partei sofort zurückgenommen.[18] Die Rücknahme dieses Antrags sollte verhindern, dass der Verfassungsgerichtshof eine Entscheidung trifft, die dem Gesetzgeber Schranken setzt, die der Durchsetzung des politischen Willens der Partei im Wege stehen könnten.[19]

Im November 2015 hat das neue Parlament in einer spektakulären Nachtsitzung entschieden, dass die Beschlüsse des alten Parlaments, alle fünf Richter

---

16 Das Gesetz wurde am 30.07.2015 veröffentlicht, vgl. Vertreter der Europäischen Kommission, 'Opinion on amendments to the Act of 25 June 2015 on the Constitutional Tribunal of Poland, adopted by the Venice Commission at its 106th Plenary Session' <http://www.venice.coe.int/webforms/documents/?pdf=CDL-AD(2016)001e> (aufgerufen am 24.03.2018).

17 Vgl. *Bucholc/Komornic* (Fn. 10); Gerichtsentscheidung K 29/15 vom 3.11.2015.

18 Am 10.11.2015 wurde der Antrag zurückgenommen, vgl. Vertreter der Europäischen Kommission, 'Opinion on amendments to the Act of 25 June 2015 on the Constitutional Tribunal of Poland, adopted by the Venice Commission at its 106th Plenary Session' (Fn. 6).

19 dziennikzwiazkowy.com/polska-2/pg-kwestionuje-podstawe-wyboru-dwoch-sedziow-tk-opis2.

zu wählen, ungültig waren. Dem Sejm fehlte für Entscheidung jegliche Kompetenz.[20] Zugleich hat sich auch der Staatspräsident geweigert, den Eid der gewählten Richter abzunehmen, die von dem alten Parlament gewählt wurden.[21] Zur Erläuterung sei gesagt, dass der Staatspräsident nicht die Kompetenz hat, die Richter des Verfassungsgerichtshofes zu ernennen. Er ist lediglich dazu verpflichtet, die Erklärung der bereits gewählten Richter entgegenzunehmen.[22] Deswegen haben auch viele der von dem alten Sejm gewählten Richter vorgeschlagen, einfach zum Notar zu gehen und diese Erklärung diesem gegenüber abzugeben und dem Präsidenten zukommen zu lassen.[23] Sie haben diesen Vorschlag aus vielen Gründen abgelehnt (möglicherweise, weil es den ehrenvollen, sehr anerkannten Juristen unter deren Würde erschien). Die *Bürgerplattform*, die größte Oppositionspartei, hat dann den gleichen Antrag, der vor der Wahl noch von der PiS formuliert worden und später zurückgenommen worden war, nämlich auf Überprüfung der Verfassungsmäßigkeit des Gesetzes, ohne inhaltliche Veränderung erneut gestellt.[24] Das führte zu einer Entscheidung des Verfassungsgerichtshofes, auf die ich noch zurückkommen werde.

Das neue Parlament wählte fünf neue Richter, obwohl die Richterstellen besetzt waren. Um schnell zu sein oder aus sonstigem soziopolitischen Grund, fand um 2:00 Uhr in der Nacht eine Vereidigung dieser neu gewählten Richter beim Staatspräsidenten statt.[25] Zudem wurde ein Gesetz verabschiedet, das bezwecken sollte, dass die Amtsperiode des Präsidenten des Verfassungsgerichtshofes und seines Stellvertreters gekürzt wird.[26] Das Verfassungsgericht hat etwas später entschieden, dass dieses Gesetz verfassungswidrig ist.[27] Darüber hinaus war das Gesetz zur Wahl der zwei weiteren Richter laut der getroffenen

20 https://www.tvn24.pl/wideo/z-anteny/sejm-anulowal-wybor-pieciu-sedziow-tk-glosowania-bez-poslow-po,1485413.html?playlist_id=25605.

21 Vgl. *Bucholc/Komornik* (Fn. 10).

22 Art. 194 Abs. 1 der Verfassung der Republik Polen.

23 http://wyborcza.pl/1,75398,19272130,cimoszewicz-sedziowie-tk-moga-przeslacprezydentowi-przysiege.html.

24 Gerichtsentscheidung K 34/15 vom 17.11.2015.

25 *K. Burnetko*, Sędziowie na trudne czasy, Polityka, 2015; https://www.polityka.pl/ tygodnikpolityka/kraj/1636215,1,sejm-wybral-pieciu-nowych-sedziow-trybunalukonstytucyjnego.read (aufgerufen am 22.03.18).

26 Dz. U. (Gesetzblatt) 2015, Pos. 1928.

27 Vgl. http://www.gazetaprawna.pl/artykuly/910160,sedzia-tuleja-ile-trwa-kadencja-prezesa-trybunalu-konstytucyjnego.html (aufgerufen am 22.03.18); Gerichtsentscheidung K 35/15 vom 09.12.2015.

Entscheidung des Verfassungsgerichtshofes ebenso verfassungswidrig.[28] In der Begründung steht allerdings auch, dass es keine Hindernisse gebe, den Eid der drei übrigen Richter, die noch vom alten Sejm vor der Wahl verfassungsmäßig gewählt wurden, anzunehmen.[29] Aus dieser Entscheidung konnte man entnehmen, dass nur die zwei von der PiS gewählten Richter (darunter die spätere Präsidentin[30] des Verfassungsgerichtshofes *Julia Przyłębska*) legitim ernannt wurden, weil sie die nicht besetzten Stellen übernommen haben, da die Wahl von zwei Richtern für diese Stellen durch den alten Sejm verfassungswidrig und dementsprechend unwirksam war. Seit dieser Zeit werden die Richter (und deren Nachfolger, weil in zwei Fällen wegen des Ablebens weitere Richter gewählt wurden) auf den bereits verfassungsgemäß besetzten Stellen in der Öffentlichkeit allgemein „Dubler“, also Ersatzrichter, genannt.

Im Zusammenhang mit dieser Entscheidung erhielt der Präsident des Verfassungsgerichtshofes einen nicht nachvollziehbaren Brief von Frau *Kempa*, der damaligen Chefin des Amtes des Ministerpräsidenten. Frau *Kempa* schrieb in diesem Brief an den Präsidenten *Rzepliński*, dass die Entscheidung des Verfassungsgerichtshofes verfassungswidrig sei.[31] Deswegen dürfe sie nicht veröffentlicht werden.[32] Nach der Verfassung ist Voraussetzung für die Wirksamkeit, dass die Entscheidung des Verfassungsgerichtshofes in einem Gesetzesblatt veröffentlicht wird.[33] Die Intention von Frau *Kempa* war, das Inkrafttreten der Entscheidung zu verhindern. Diese neue Instanz der Verfassungskontrolle, die man auf diese Weise zu etablieren versuchte, konnte damals noch nicht funktionieren. Denn schließlich war die Staatsanwaltschaft noch unabhängig, das heißt, dass sie tatsächlich noch Verfahren eingeleitet hat. Die Verhinderung der Veröffentlichung war aber eine Straftat. Deshalb nahm die Regierung später von dem Konzept Abstand. Das bedeutete wiederum, dass die Entscheidungen doch noch veröffentlicht wurden. Das sollte sich aber bald ändern. Die Staatsanwaltschaft geriet in die Hände des Justizministers und wurde anschließend zum Instrument seiner Machtausübung. Als es dann zu weiteren Entscheidungen des

28 Gerichtsentscheidung K 34/15 vom 3.12.2015.

29 Gerichtsentscheidung K 34/15 vom 3.12.2015.

30 Die Wirksamkeit der Ernennung von Julia Przyłębska zur Präsidentin des Verfassungsgerichtshofes.

31 http://wyborcza.pl/1,75398,19328584,kempa-do-trybunalu-konstytucyjnego-rzad-nieopublikuje.html.

32 Vgl. Tina de Vries, Polen, WiRO 2016, 217.

33 Art. 88 der polnischen Verfassung.

Verfassungsgerichtshofes kam, welche der Regierung nicht gefielen, zögerte Frau *Kempa* nicht mehr, die Veröffentlichung dieser Entscheidungen zu verweigern.[34]

Aber das sollte nicht alles sein; es geschahen noch weitere Ereignisse. Zunächst wurde ein neues Gesetz verabschiedet, welches das Verfassungsgericht dahingehend einschränken sollte, dass es nicht zu schnell über Gesetzesvorlagen entscheiden konnte.[35] Es wurden Schranken eingeführt, die verhindern sollten, dass das, was gerade im Parlament vorlag, allzu schnell zum Gegenstand einer Verfassungskontrolle werden konnte. Des Weiteren sollte das neue Gesetz dazu dienen, die Zulassung der zusätzlichen (Ersatz-)Richter von dem Präsidenten *Rzepliński* zu erzwingen. Man versuchte auch die Senate zu erweitern, um auf diese Weise den Präsidenten des Verfassungsgerichtshofes unter Druck zu setzen, sodass er diese gewählten Richter, die sogenannten Doppelrichter oder Nichtrichter, zulässt. Dieser weigerte sich jedoch.

Es wurde ein Antrag gestellt, dass die Verfassungsmäßigkeit des Gesetzes kontrolliert werden sollte.[36] Das Verfassungsgericht kam dann zu der Frage, nach welcher Grundlage die Entscheidung getroffen werden soll, wenn das zu kontrollierende Gesetz zugleich die Grundlage der Kontrolle sein soll. Dieses Gesetz war mit der Absicht konstruiert, eine Kontrolle der laufenden Gesetzgebung unter der PiS zu verhindern. Das Verfassungsgericht kam zum Ergebnis, dass in einem solchen Fall die Kontrolle dieses Gesetzes direkt aus der Verfassung abgeleitet werden müsse. In diesem Fall hat Frau *Kempa* mit Rückendeckung durch die untergeordnete Staatsanwaltschaft keinen Zweifel gehabt, dass eine Veröffentlichung dieser Entscheidung abgelehnt werden müsse.[37] Die Aufforderung, die Entscheidungen drucken zu lassen, wurde zu einem der wichtigsten Parolen der demokratischen Opposition in der ersten Phase der Regierung von PiS. Auch die Europäische Union hat die Anhaltung des Verfahrens auf Grund des Art. 7 AEUV unter anderem von der Veröffentlichung aller Entscheidungen

34 www.polsatnews.pl/wiadomosc/2017-02-11/chroniono-interes-publiczny-prokuraturaumorzyla-sledztwo-ws-nieopublikowania-wyrokow-tk/; siehe auch https://www.wprost.pl/kraj/10087553/premier-nie-moze-nie-publikowac-wyrokow-tk-helsinska-fundacjapraw-czlowieka-ujawnia-postanowienie-sadu.html.

35 http://natemat.pl/166233,najwazniejsze-zmiany-w-trybunale-po-przeglosowaniu-noweli-pis.

36 Vgl. Gerichtsentscheidung 47/15.

37 Vgl. Europäische Kommission, ‚Stellungnahme der Kommission zur Rechtsstaatlichkeit in Polen und zum Rahmen zur Stärkung des Rechtsstaatsprinzips: Fragen und Antworten' 2016, http://europa.eu/rapid/press-release_MEMO-16-2017_de.htm (aufgerufen am 24.03.2018).

des Verfassungsgerichtshofes abhängig gemacht.[38] Nach zwei Jahren liegt nun im Sejm ein Vorschlag für ein Gesetz vor, das eine Veröffentlichung dieser Entscheidungen zwar vorsieht, aber mit einem Vermerk versieht, dass die Entscheidungen rechtswidrig getroffen wurden.[39] Würde dieses Gesetz verabschiedet, könnte es als ein krasser Beleg der Zerstörung der verfassungsrechtlich verankerten Gewaltenteilung durch die aktuell in Polen herrschende Macht dienen.

Bereits in den 30er Jahren des 20. Jahrhunderts gab es zahlreiche Versuche, die Entscheidungen der Gerichte durch die Exekutive zu beeinflussen.[40] An diese Tradition knüpfte *Jarosław Kaczyński* an, der sich häufig als Nachfolger von *J. Piłsudski* stilisiert und sich in der Tradition der Zweiten Republik, in der Zeit der sog. „Sanacja" (Sanierung), sieht.

Die Ablehnung der Veröffentlichung betraf auch andere Entscheidungen. Im Frühjahr 2016 kontrollierte die Venedig-Kommission die Rechtslage in Polen, was zu einem sehr kritischen Bericht geführt hat. Die Venedig-Kommission hat die polnische Regierung aufgefordert, das Gesetz über den Verfassungsgerichtshof aufzuheben und die Entscheidungen zu veröffentlichen.[41] Im Dezember 2016 ging aber die Amtsperiode des Präsidenten des Verfassungsgerichtshofes, Herrn Rzepliński, zu Ende. Daraufhin sollte ein neuer Präsident des Verfassungsgerichtshofes gewählt werden. Dafür gab es auch schon ein neues Gesetz.[42] Aus der Wahl ging Frau *Przyłębska* hervor. Ob Frau *Przyłębska* wirksam zur Präsidentin des Verfassungsgerichtshofes ernannt wurde, ist bis heute umstritten.[43]

---

38 https://www.tvn24.pl/wiadomosci-ze-swiata,2/komisja-europejska-o-publikacji-czesciwyrokow-tk,669041.html.

39 https://www.wprost.pl/reforma-sadownictwa-2017/10112673/niepublikowane-orzeczenia-trybunalu-ujrza-swiatlo-dzienne-do-sejmu-wplynal-nowy-projekt.html.

40 www.rp.pl/Rzecz-o-prawie/301089999-Jak-Pilsudski-walczyl-z-Sadem-Najwyzszym.html.

41 Vgl. Die Vertretung der Europäischen Kommission, 'Poland – Opinion on the Draft Act amending the Act on the National Council of the Judiciary; on the Draft Act amending the Act on the Supreme Court, proposed by the President of Poland, and on the Act on the Organisation of Ordinary Courts, adopted by the Commission at its 113th Plenary Session (Venice, 8–9. December 2017)', http://www.venice.coe.int/webforms/documents/?pdf=CDL-AD(2017)031-e.

42 Vgl. *Krzywonia/Łabno/Dobrowolski*, Opinia z 26 sierpnia 2016 r. o projekcie ustawy o zmianie ustawy o Krajowej Radzie Sądownictwa oraz niektórych innych ustaw' https://radalegislacyjna.gov.pl/dokumenty/opinia-z-26-sierpnia-2016-r-o-projekcie-ustawy-o-zmianie-ustawy-o-krajowej-radzie.

43 www.newsweek.pl/polska/polityka/spor-o-trybunal-konstytucyjny-sa-nie-uznal-juliiprzylebskiej,artykuly,412221,1.html.

Unterschiedliche Gerichte haben versucht, diese Frage von dem Obersten Gerichtshof klären zu lassen. Überwiegend ging es um Verfahren in Arbeitssachen der entlassenen Angestellten des Verfassungsgerichtshofes, in denen sich die Frage stellte, ob Frau *Przyłębska* überhaupt Vertretungsmacht hatte, um mit Folgen für das Verfassungsgericht zu handeln. Das Oberste Gericht hat es vermieden, diese Frage zu beantworten.[44] Möglicherweise versuchten die obersten Richter mit allen Mitteln außerhalb des politischen Streits zu bleiben und nicht eine Entscheidung des Staatspräsidenten gerichtlich in Frage zu stellen. Die Richter der allgemeinen Gerichte hatten diese Skrupel nicht, versuchten aber, die Last dieser Entscheidung auf das Oberste Gericht zu übertragen. Letztlich ist das Schweigen des Obersten Gerichtshofes eher kritisch zu sehen.

Frau *Przyłębska* hat ihre Aufgabe so verstanden, mit allen Kräften zu gewährleisten, dass die von dem durch die PiS dominierten Parlament gewählten Richter in allen die Interessen der Partei betreffenden Entscheidungen das Sagen haben.[45] Der Vizepräsident des Verfassungsgerichthofes, *Stanisław Biernat*, wurde sofort zwangsbeurlaubt und durfte bis zum Ende seiner Amtsperiode sein Amt als Richter und Vizepräsident nicht mehr ausüben.[46] Herr *Muszyński*, der heutige Vizepräsident, der auch zu den Richtern gehört, die eigentlich verfassungswidrig gewählt wurden, fungiert als der faktische Präsident des Verfassungsgerichtshofes.[47] Die einem Fall zugeteilten Richter werden ständig ausgewechselt, ohne jegliche Gründe dafür zu nennen. Das hat der Bericht der Batory-Stiftung deutlich bewiesen.[48] Eine neue Ordnung herrscht nun im Verfassungsgericht – auch mit politischem Besuchen von beiden Seiten, auch im Kabinett des Parteivorsitzenden *Kaczyński* in der Nowogrodzka Straße in Warschau. Das Verfassungsgericht wird zu einer bedeutungslosen Attrappe. Es wird nicht mehr als eine Art Schutzorgan verstanden.

Daraufhin folgten weitere Ereignisse mit einer beeindruckenden Ausstrahlungskraft. Zunächst fanden mehrere Kongresse von Juristen, insbesondere von

---

44 https://oko.press/sad-najwyzszy-podwazyl-wyboru-julii-przylebskiej-prezes-tk/.

45 https://oko.press/zamiera-trybunal-konstytucyjny-raport-fundacji-batorego-demaskuje-zapewnienia-przylebskiej/.

46 www.rp.pl/Spor-o-Trybunal-Konstytucyjny/170409326-Biernat-do-prezes-TK-WyjasniePani-najprosciej-jak-potrafie.html/.

47 http://www.rmf24.pl/fakty/polska/news-kto-tak-naprawde-kieruje-tk-historia-pelnomocnictw-mariusza-,nId,2358422.

48 Der Text von diesem Bericht ist zu finden unter der Adresse: www.batory.org.pl/upload/files/Programy%20operacyjne/Odpowiedzialne%20Panstwo/Raport%20ZEP%20o%20funkcjonowaniu%20TK.pdf.

Richtern, statt.[49] Über 1.000 Richter von insgesamt 10.000 Richtern in Polen haben an diesen Kongressen teilgenommen.[50] Das war mutig – aus vielen Gründen. Diese anwesenden Richter haben anschließend beschlossen, dass die allgemeinen Gerichte angesichts des Funktionsverlusts des Verfassungsgerichtshofs eine zerstreute Verfassungskontrolle durchführen müssen.[51]

Auf diese Weise sind aber die polnischen Richter auf die politische Bühne getreten. Das wird auch später noch Folgen haben, auch bei der Manifestation, die im Sommer dieses Jahres stattgefunden hat, an welcher sich auch die Richter beteiligten. Dieses außerordentliche Verhalten ist aber durch eine politische Notsituation zu rechtfertigen.

Die zerstreute Verfassungskontrolle führt dazu, dass die allgemeinen Gerichte versuchen nicht zuzulassen, aufgrund eines verfassungswidrigen Gesetzes entscheiden zu müssen.[52]

Der bekannteste Fall, in dem die „zerstreute Verfassungskontrolle" zur Anwendung kam, stammt aus Breslau. Das Gericht hatte sich geweigert ein Gesetz anzuwenden, weil es der Ansicht war – ohne eine Überprüfung durch das Verfassungsgericht – es handele sich um ein verfassungswidriges Gesetz.

Der Hauptzweck der „Übernahme" des Verfassungsgerichtshofes war, die Reformen der allgemeinen Gerichtsbarkeit zu ermöglichen, um die richterliche Unabhängigkeit entscheidend einzuschränken. Man muss sagen, dass in Polen eine Unzufriedenheit bezüglich der allgemeinen Gerichtsbarkeit herrschte.[53] Deshalb war die Lage reif für eine tiefgehende Reform. Die Gründe für die Unzulänglichkeit der polnischen Justiz ergeben sich nicht mehr aus der kommunistischen Vergangenheit. Die Ursachen für die Probleme in der Zeit des Kommunismus und in der Perpetuierung dieses Systems nach der Wende zu sehen, ist eine unzutreffende Diagnose der PiS (die möglicherweise gar nicht ernst gemeint ist, sondern sollte nur den Versuch darstellt, den Angriff der PiS

---

49 http://prawo.gazetaprawna.pl/artykuly/972841,nadzwyczajny-kongres-sedziow-polskich-w-warszawie.html; www.rp.pl./Sedziowie-i-sady/305209985-Kongres-Prawnikow-Polskich-w-Katowicach.html.

50 Vgl. *Kellermann*, ‚Der politische Druck auf den Justizapparat wächst', Deutschlandfunk 2016, http://www.deutschlandfunk.de/kongress-polnischer-richter-der-politischedruck-auf-den.1773.de.html?dram:article_id=364831 (aufgerufen am 24.02.2018).

51 http://www.rp.pl/Sedziowie-i-sady/305219996-Uchwala-konczaca-Kongres-Prawnikow-Polskich-w-Katowicach.html/.

52 *M. Kryszkiewicz*, Rozproszona kontrola konstytucyjności nie jest anarchią, Gazeta Prawna, 2017; http://prawo.gazetaprawna.pl/artykuly/1026975,konferencja-sedziaakonstytucja.html.

53 http://prawo.gazetaprawna.pl/artykuly/1059629,dlaczego-polacy-nie-lubia-sadow.html.

auf die polnische Gerichtsbarkeit zu rechtfertigen und die wahren Gründe dieses Angriffs zu verschleiern). Schließlich ist seit den kommunistischen Zeiten eine Generation vergangen. Verschiedene Probleme der Justiz haben Gründe, die in der heutigen gesellschaftlichen Situation Polens zu suchen sind und dementsprechend beseitigt werden müssen. Die notwendige Reform bedarf aber einer demokratischen und rechtstaatlichen Umgebung. Diese Voraussetzungen sind unter dieser Regierung nicht gegeben.

Die wichtigste Maßnahme für eine grundlegende Verbesserung der Qualität der Gerichtsbarkeit war die Gründung der Richterschule in Krakau. Mit dieser Maßnahme wollte man die Qualität der Richterausbildung erhöhen. Und schon mit den ersten Jahrgängen der Absolventen kann man feststellen, dass diese Hoffnung in Erfüllung gegangen ist.[54] Der Wille war somit tatsächlich da, die Situation zu verbessern. Sicherlich gab es an vielen Orten guten Anlass, über die Lage der Justiz zu meckern und unzufrieden zu sein. Die tausenden Menschen, die sich im Sommer 2017 versammelten,[55] sagten, dass sie für die richterliche Unabhängigkeit gekommen seien. Sie seien zwar da, um die Unabhängigkeit zu verteidigen, aber sie seien unzufrieden mit den jetzigen Richtern. Das war die politische Stimmung. Aufgrund dessen gibt es eine Unstimmigkeit, wie eigentlich das neue oberste Gericht, der Richterrat und die Gerichte ausgestaltet werden sollten. Die letzten Reformen der PiS haben aber die Lage deutlich verschlechtert, und der Prozess der Zerschlagung der polnischen Justiz schreitet leider voran.

Man muss die echte Sorge haben, dass es sehr schwierig werden wird, die Position und die Anerkennung, die der Verfassungsgerichtshof in der Gesellschaft so lange Zeit genossen hat, wiederherzustellen. Es gibt in Polen eine satirische Sendung, „Das Ohr der Parteivorsitzenden“, die sehr zutreffend die heutigen Verhältnisse der Politik und der Macht in Polen darstellt. In einer der letzten Folgen gab es eine Szene, in der die Präsidentin des Verfassungsgerichthofes zum Parteivorsitzenden kommt. Sie notiert sich, wie das Gericht in unterschiedlichen Fällen zu entscheiden hat.[56] Im Volksmund ist damit das Gericht zu einer Attrappe der Justiz geworden. Dieses Bild wieder zu korrigieren und den entstandenen Schaden im Ansehen des Gerichts zu reparieren, scheint eine Herkulesaufgabe zu sein.

---

54 Siehe z. B. www.rp.pl/artykul/1060509-Aplikanci-Krajowej-Szkoly-Sadownictwa-iProkuratury--najlepsi-w-konkursie-THEMIS.html.

55 Vgl. *K. Schuller*, Alles Kommunisten und Esbeken, 2017, http://www.faz.net/aktuell/politik/ausland/nach-justizreform-alles-kommunisten-und-esbeken-15116364.html (aufgerufen am 22.03.2018).

56 https://www.youtube.com/watch?v=snl4TvSaCB4.

Peter Müller

Funktionsbedingungen unabhängiger Verfassungsgerichtsbarkeit*

Meine sehr verehrten Damen und Herren,

ich freue mich sehr, am heutigen Nachmittag zum wiederholten Male als Saarländer im rheinland-pfälzischen Landtag das Wort ergreifen und dieses Mal einige Anmerkungen zum System der Verfassungsgerichtsbarkeit in der Bundesrepublik Deutschland machen zu können.

Dabei erleichtert es den Zugang zur Stellung des Bundesverfassungsgerichts möglicherweise, wenn man sich vergegenwärtigt, dass die Ausgestaltung der Position des Bundesverfassungsgerichts ein Teil des Versuches der wenigen Mütter und vielen Väter des Grundgesetzes war, aus der Geschichte zu lernen. Ziel des Bestrebens war es, nach der Erfahrung des Nationalsozialismus strukturelle verfassungsrechtliche Sicherungen zu schaffen, dass Derartiges sich nicht wiederholt. Die Beratungen im Parlamentarischen Rat waren geprägt durch die Erfahrung, dass formal korrekt zustande gekommene Normen materiell schlimmstes, gröbstes Unrecht beinhalten können wie dies beispielsweise bei den Nürnberger Rassegesetzen der Fall war. Vor diesem Hintergrund gab es die Überzeugung, dass es nicht nur notwendig ist, alle staatliche Gewalt an die Verfassungsordnung zu binden, sondern auch, dass es jemanden geben muss, der darauf achtet, dass die staatliche Gewalt dieser Bindung auch Rechnung trägt. Dass es also einen Hüter der Verfassung braucht, eine Institution, die die Einhaltung der Bindung an die Verfassung überwacht und, wenn gegen diese Bindung verstoßen wird, korrigierend eingreift. Diese Aufgabe wurde dem Bundesverfassungsgericht übertragen.

Erfüllen kann das Bundesverfassungsgericht diese Aufgabe nur, wenn es den übrigen staatlichen Organen einschließlich der obersten Staatsorgane auf der Ebene der Gleichordnung gegenübertritt. Deshalb war es von Anfang an auch Anspruch des Bundesverfassungsgerichts, nicht nur Teil der Justiz zu sein, sondern eigenständiges oberstes Staatsorgan. Dies lässt sich zwar den Formulierungen des Grundgesetzes nicht ohne weiteres entnehmen. Auf der Basis einer Denkschrift, die insbesondere Leibholz zu verantworten hatte, hat das

* Schriftliche Fassung des Vortrags, den der Autor bei der Tagung „Funktionsbedingungen unabhängiger Verfassungsgerichtsbarkeit" am 20. Oktober 2017 gehalten hat.

Bundesverfassungsgericht diese Position aber sehr frühzeitig formuliert. Mittlerweile ist sie unbestritten und wird allgemein anerkannt. Ausdruck findet sie in § 1 des Bundesverfassungsgerichtsgesetzes, wo es heißt, das Bundesverfassungsgericht sei ein allen übrigen Verfassungsorganen gegenüber selbstständiger und unabhängiger Gerichtshof des Bundes.

Das Bundesverfassungsgericht ist vor dem Hintergrund der Aufgabe, allen übrigen Verfassungsorganen, selbst dem demokratisch unmittelbar legitimierten Gesetzgeber, zum Schutze der Verfassung in den Arm fallen zu können, mit weitgehenden Kompetenzen ausgestattet. Ich jedenfalls kenne kein Verfassungsgericht auf dieser Welt, das über weitergehende Kompetenzen verfügt als das Bundesverfassungsgericht. Insbesondere steht ihm das Normverwerfungsmonopol zu. Seine Entscheidungen sind gemäß § 31 BVerfGG mit Gesetzeskraft versehen. Das Gericht hat außerdem die Möglichkeit dann, wenn Gesetze für nichtig erklärt worden sind, eigene Übergangsregelungen zu schaffen, bis der Gesetzgeber anstelle der für nichtig erklärten Regelung eine neue Regel beschlossen hat. Die Vorstellung einer Suprematie des Parlaments ist dem Grundgesetz fremd. Das ist in anderen Verfassungsräumen völlig anders. Für unsere angelsächsischen Kollegen beispielsweise ist es schwer nachvollziehbar, dass es ein Organ geben kann, das das Recht hat, dem Parlament in den Arm zu fallen. Diese unterschiedlichen verfassungsrechtlichen Traditionen gilt es immer in Rechnung stellen, wenn wir vergleichend über unabhängige Verfassungsgerichtsbarkeit reden. Wir sind in Deutschland durch eine historische Erfahrung geprägt, die vergleichbar in anderen Staaten nicht existiert, aber für das Verständnis der starken Position des Bundesverfassungsgerichts im Staatsgefüge der Bundesrepublik Deutschland unverzichtbar ist.

Voraussetzung für die Funktionsfähigkeit des Konzeptes des Grundgesetzes, eine Institution zu etablieren, die den Geltungsanspruch der Verfassung gegenüber aller anderen staatlichen Gewalt durchzusetzen vermag, ist, dass dieses Gericht selbstbestimmt und unabhängig entscheiden kann. Nur dann kann die dem Gericht zugedachte Wächterrolle ausgefüllt werden. Notwendig zur Erhaltung der Funktionsfähigkeit dieses Konzeptes ist aber auch, dass das Gericht mit seinen Entscheidungen auf Akzeptanz stößt, d. h. dass diese Entscheidungen von den staatlichen Organen respektiert und in der Gesellschaft getragen werden. Dies setzt wiederum voraus, dass sie erkennbar durch Objektivität und Überparteilichkeit geprägt sind. Notwendig sind daher strukturelle Sicherungen der Unabhängigkeit und Überparteilichkeit der Entscheidungsfindung durch das Bundesverfassungsgericht. Zu deren Ausgestaltung im System des Grundgesetzes möchte ich im Folgenden einige Anmerkungen machen:

Natürlich partizipiert das Bundesverfassungsgericht zunächst am Grundsatz der richterlichen Unabhängigkeit, so wie er für die gesamte Justiz gilt. Die Unabhängigkeit der Justiz ist als wesentlicher Bestandteil gewaltenteiliger Staatsorganisation verfassungsrechtlich garantiert. Sie beinhaltet sowohl die sachliche als auch die persönliche Unabhängigkeit des Richters. Sachliche Unabhängigkeit bedeutet, dass ein Richter keinen Weisungen unterworfen ist. Er entscheidet unabhängig von den Wünschen und Vorstellungen, die an anderer Stelle existieren. Persönliche Unabhängigkeit bedeutet, dass er sich auch persönlich in einer Situation befinden muss, die es ihm erlaubt, unabhängig und frei zu entscheiden. Er darf nicht damit rechnen müssen, dass er seine Existenzgrundlage verliert, wenn er den politisch Mächtigen gegenüber unliebsame Entscheidungen trifft. Viele folgern aus dem Postulat der persönlichen Unabhängigkeit den Grundsatz, dass Richter auf Lebenszeit eingestellt werden müssen. Nur das garantiere ein ausreichendes Maß an persönlicher Unabhängigkeit. Bei den Beratungen des Grundgesetzes im parlamentarischen Rat war die Geltung des Lebenszeitprinzips für Richter allerdings umstritten. Am Ende hat sich diese Vorstellung nicht durchgesetzt. Im Art. 97 GG ist stattdessen die Rede davon, dass Richter hauptamtlich und planmäßig endgültig eingestellt sein müssen. Das bedeutet nicht zwingend, dass sie auf Lebenszeit einzustellen sind. Das ist zwar wohl der von der Verfassung angenommene Regelfall, von dem es aber auch Abweichungen geben kann. Eine solche Abweichung stellen gerade auch die Richterinnen und Richter des Bundesverfassungsgerichts dar, die auf 12 Jahre gewählt sind und nicht wiedergewählt werden können. Ich persönlich halte diese Unzulässigkeit der Wiederwahl eines Verfassungsrichters für eine ganz wesentliche Sicherung der Unabhängigkeit des Gerichts. Es ist kein Zufall, dass in einer Phase, in der das Bundesverfassungsgericht sich mal wieder mit ein paar Entscheidungen bei den politischen Verantwortungsträgern nicht ganz beliebt gemacht hatte, Überlegungen angestellt wurden, das Bundesverfassungsgericht dahingehend zu ändern, dass Verfassungsrichter nur noch auf sechs Jahre – verbunden mit der Möglichkeit der Wiederwahl – gewählt werden können. Diese Pläne sind am Ende nicht weiterverfolgt worden und haben das Licht der Öffentlichkeit nie richtig erblickt, aber sie existierten. Wenn man sich die Situation an anderen Stellen vergegenwärtigt, scheint mir diese sehr deutlich zu dokumentieren, dass die Unzulässigkeit der Wiederwahl in hohem Maße zur Freiheit und Unabhängigkeit der Verfassungsrichter beiträgt.

Ein weiteres wichtiges Instrument zur Sicherung von Unabhängigkeit und Überparteilichkeit ist das Auswahlverfahren der Richterinnen und Richter des Bundesverfassungsgerichts. Um gewählt zu werden bedarf es einer Zwei-Drittel-Mehrheit im Bundestag bzw. im Bundesrat. Dies führt in der Regel – wenn es nicht gerade eine große Koalition gibt und diese große Koalition mehr als zwei Drittel der Sitze hat (wovon nach dem Ergebnis der letzten Bundestagswahl auch nicht mehr zwingend ausgegangen werden kann) – dazu, dass die Wahl eines Richters nur möglich ist, wenn auch Vertreter von Oppositionsparteien der Wahl des jeweiligen Kandidaten zustimmen. Dies ist für die Akzeptanz des Gerichts von nicht zu unterschätzender Bedeutung. Ich selbst bin ja nun jemand, der aus dezidiert politischen Zusammenhängen kommt, und deshalb war es gut, dass die Entsendung des Ministerpräsidenten, der eine klare parteipolitische Zugehörigkeit hat, zum Bundesverfassungsgericht nur möglich war, weil auch politische Wettbewerber gesagt haben: „Den Müller kann man nach Karlsruhe schicken! Der wird sein Amt dort vernünftig, unparteilich und so, wie die Verfassung das erwartet, ausüben." Nach meiner Überzeugung ist es ein wesentliches Element unabhängiger Verfassungsgerichtsbarkeit, dass die Auswahlverfahren so ausgestaltet sind, dass knappe politische Mehrheiten nicht über die Zusammensetzung des Gerichts entscheiden können.

Darüber hinaus haben Richterwahlen öffentlich und transparent stattzufinden. Auch dies trägt zu Überparteilichkeit und Akzeptanz des Gerichts bei. Davon sind allerdings vorherige öffentliche Anhörungen von Kandidaten für das Amt des Richters oder der Richterin des Bundesverfassungsgerichts in den Wahlorganen zu unterscheiden.

Was die Öffentlichkeit der Wahl anbetrifft hatten wir in der Vergangenheit eine unterschiedliche Situation, je nachdem ob die Richterwahl im Bundestag oder im Bundesrat stattfand. Im Bundesrat wurde immer im Plenum öffentlich gewählt. Bei der anderen Hälfte der Verfassungsrichter, die durch den Bundestag gewählt wird, gab es hingegen in der Vergangenheit ein Wahlmännergremium, das mit nur elf Abgeordneten besetzt war. Dieses Verfahren war verfassungsrechtlich immer umstritten und auch Gegenstand eines Verfahrens vor dem Bundesverfassungsgericht. Das Gericht hat in seiner diesbezüglichen Entscheidung zwar die verfassungsrechtliche Zulässigkeit dieses Verfahrens bestätigt, zugleich aber darauf hingewiesen, dass es auch andere Möglichkeiten gibt, die „Bundestagsrichter" in verfassungsrechtlich unbedenklicher Weise zu wählen. Der Gesetzgeber hat darauf mittlerweile reagiert. Künftig werden – jüngst ist das zum ersten Mal passiert -, die Richter auch im Bundestag öffentlich im Plenum gewählt, was im Übrigen zur Folge hat, dass die Einhelligkeit der Unterstützung nicht mehr so gegeben ist, wie das früher der Fall war. Aber das ist ja vielleicht auch demokratische Normalität.

Für problematisch halte ich demgegenüber umfängliche Anhörungsverfahren von Kandidaten für das Amt eines Richters / einer Richterin des Bundesverfassungsgerichts. Dies würde im Zweifel dazu führen, dass diese Kandidaten sich auf eine politische Agenda festlegen oder zumindest dazu verhalten müssten. Das kann der Unabhängigkeit der Entscheidungsfindung nur schaden. Wenn Sie sich die Abläufe, etwa bei der Wahl der Richterinnen und Richter des Supreme Court in den USA anschauen, glaube ich nicht, dass das eine Empfehlung für ein derartiges Verfahren ist. Im Gegenteil: Ich meine, das spricht sehr dafür, von derartigen Prozeduren auch weiterhin Abstand zu nehmen. Dafür spricht auch, dass sich bei der Einführung derartiger Möglichkeiten inquisitorischer Befragungen die Zahl und Qualität der möglichen Kandidaten und Kandidatinnen für das Amt eines Verfassungsrichters in einer nicht wünschenswerten Richtung verändern könnte?

Außerdem gibt es eine ganze Reihe weiterer Umstände, die für die Unabhängigkeit und Unparteilichkeit sowie die Akzeptanz des Bundesverfassungsgerichts von erheblicher Bedeutung sind. Dazu zählt sicherlich die Beratungskultur, die die Arbeit des Gerichts prägt. Das Gericht hat das große Privileg, in einer hektischen Zeit in großen Verfahren durchaus entschleunigt beraten und entscheiden zu können. Die Beratungen sind außerordentlich intensiv und nicht öffentlich. Auch mit Blick auf die Diskussionen des heutigen Vormittags plädiere ich sehr dafür, an diesem Prinzip der Nichtöffentlichkeit festzuhalten. Warum? Ich glaube, dass die Unbefangenheit der Entscheidungsfindung durch die nichtöffentliche Beratung wesentlich begünstigt wird. In dem Moment, in dem öffentlich beraten wird – und auch wenn Sie nur befürchten müssen, dass das, was sie in der Beratung gesagt haben, zeitlich verzögert öffentlich bekannt wird – ist die Schere im Kopf, die sich auf die Beratung auswirken kann, nicht mehr völlig wegzudenken. Meine Wahrnehmung aus öffentlichen und nichtöffentlichen Beratungen auch in anderen Bereichen ist, dass, wenn Sie wirklich einen Prozess der offenen Meinungsbildung haben wollen, es notwendig ist, einen Prozess zu organisieren, bei dem anschließend nicht nach „Gewinnern" und „Verlierern" eingeteilt werden kann. Dies funktioniert am besten, wenn der Beratungsprozess nicht öffentlich stattfindet. Ohne das Beratungsgeheimnis zu verletzen, glaube ich sagen zu können: Beratungen des Bundesverfassungsgerichts sind strapaziöse Angelegenheiten, bei denen Positionen sich verändern, bei denen die Kraft des Argumentes zählt und bei denen immer mal wieder Richterinnen und Richter – auch mir ist das mehrfach passiert – am Ende der Beratung einen anderen Erkenntnisstand haben und zu einem anderen Ergebnis kommen, als das am Anfang des Verfahrens der Fall war. Bei öffentlicher Beratung wäre dies deutlich schwieriger. Deshalb ist die Nichtöffentlichkeit der Beratung aus meiner Sicht qualitätssichernd und deshalb tue ich mich auch mit der bisweilen geforderten Protokollierung des Beratungsganges schwer.

Kein Raum ist im Übrigen bei diesen Beratungen für politische Agenden. Der Versuch, bei den Beratungen des Gerichts eine politische Agenda durchzusetzen, ist von vornherein zum Scheitern verurteilt, da nur das juristische Argument zählt. Wer einen solchen Versuch unternehmen würde, verlöre innerhalb kürzester Zeit seine interne Akzeptanz und hätte keine Möglichkeit mehr, wirksam auf die Meinungsbildungs- und Entscheidungsprozesse im Senat einzuwirken.

Die Intensität der Beratung schlägt sich nicht selten dann auch in der Umfänglichkeit der Entscheidung nieder. Das scheint mir ein Problem zu sein. Ich selbst war Berichterstatter im NPD-Verbotsverfahren. Demnächst erscheint, glaube ich, der 144. Band der Entscheidungssammlung des BVerfG, der im Wesentlichen nur aus dem NPD-Urteil bestehen wird. Nun ist das ein Sonderfall, bei dem das Gericht erstinstanzlich tätig ist und daher tatsächliche Umstände eine große Rolle spielen. Aber in einer Zeit, in der 140 Zeichen schon viel sind und trotzdem Kommunikationsprozesse zu prägen vermögen, sind Entscheidungen des Bundesverfassungsgerichts mit nicht selten mehr als 140 Seiten ein Problem. Mittlerweile scheint es, dass die Pressemitteilung über die Entscheidung des Bundesverfassungsgerichts mindestens ebenso wichtig ist, wie die Entscheidung selbst. Dies mag nicht schön sein, ist aber ein Teil der aktuellen medialen, digital modifizierten Wirklichkeit. Wir müssen zur Kenntnis nehmen, dass unsere Entscheidungen unmittelbar nach und z. T. auch bereits während der Verkündung nicht nur berichtet, sondern auch kommentiert werden. Mir scheint hier ein Problem zu liegen, das weniger mit der Unabhängigkeit des Gerichts zu tun hat, sich durchaus aber auf die Akzeptanz seiner Entscheidungen auswirken kann.

Ein weiteres wichtiges – wenngleich umstrittenes – Instrument zur Herstellung von Akzeptanz und zur Gewährleistung von Unabhängigkeit ist meines Erachtens die Möglichkeit des Sondervotums, d. h. die Möglichkeit, wenn man sich mit seiner Position nicht durchsetzen konnte, öffentlich zu sagen: „Hier gibt es noch eine andere Sicht der Dinge! Das Gericht ist dem mehrheitlich nicht gefolgt, aber ich bin nicht von der Position, wie sie das Gericht mit Mehrheit beschlossen hat, überzeugt." Das stört zwar zweifellos die Wahrnehmung der Einheitlichkeit der Entscheidung und deshalb gibt es auch viele Gerichte anderer Länder, die das Institut des Sondervotums nicht kennen. Ich glaube aber, dass es der Akzeptanz der Entscheidungen des Gerichts eher nutzt als schadet. Deutlich wird damit, dass Argumente und Positionen als gewichtig angesehen wurden, auch wenn diesen im Ergebnis eine Mehrheit versagt geblieben ist. Dies kann die Integrationskraft und befriedende Wirkung, die von einer Entscheidung ausgeht, durchaus in erheblichem Umfang erhöhen.

Last but not least zählt nach meinem Dafürhalten zu den die Unabhängigkeit und Stärke des Gerichts sichernden Instrumenten auch die Ausgestaltung des Gerichts als Bürgergericht. Die Vorstellung, dass jeder, wenn er denn alle Instanzen durchlaufen hat und immer noch glaubt, durch einen Akt der öffentlichen Gewalt in seinen Grundrechten verletzt zu sein, noch eine Möglichkeit hat, nämlich die Möglichkeit, sich nach Karlsruhe zu wenden und dort seinen Fall vorzutragen und prüfen zu lassen, macht das Gericht zu einer für das Vertrauen der Bürger in staatliche Institutionen wichtigen Einrichtung. Die Idee des Bürgergerichts stellt uns allerdings zunehmend vor Kapazitätsprobleme. Es ist mittlerweile so, dass wir im Jahr etwa 10.000 Eingänge haben. Von diesen Eingängen gehen rund 6.000 Eingänge in den richterlichen Entscheidungsprozess. Da es keine Einzelrichterentscheidungen beim Bundesverfassungsgericht gibt, bedeutet dies, dass jeder Richter im Jahr mehr als 1.000 Entscheidungen zu verantworten hat. Das ist nicht leicht zu bewältigen und führt zu einer durchaus grenzwertigen Belastungssituation.

Deshalb gibt es regelmäßig Diskussionen, was man denn zur Entlastung des Gerichts und zur Reduktion der Verfahrenszahlen tun kann. Nachgedacht wird etwa über den Einsatz von Kostenfiltern angesichts des Umstandes, dass Verfahren beim Bundesverfassungsgericht regelmäßig kostenfrei sind. Wir haben ein einziges Instrument, das man einsetzen kann, die sog. Missbrauchsgebühr für Fälle erkennbar missbräuchlicher Anrufung des Gerichts. Von dieser Möglichkeit wird sehr zurückhaltend Gebrauch gemacht und nahezu überhaupt nicht, soweit es sich um anwaltlich nicht vertretene Beschwerdeführer handelt, es sei denn, die Verfassungsbeschwerde beschränkt sich zum wiederholten Mal auf eine Aneinanderreihung von Beschimpfungen, Beleidigungen und Begriffen aus der Fäkalsprache. Schon mal eher wird über die Festsetzung einer Missbrauchsgebühr nachgedacht, wenn die Beschwerdeführer anwaltlich vertreten sind. Wir haben jetzt in zwei Fällen Missbrauchsgebühren festgesetzt, was zu ziemlicher Unruhe im Bereich der Anwaltschaft geführt hat. Der erste Fall betraf die Abschiebung eines Asylbewerbers nach Afghanistan, in dem ein Anwalt eine einstweilige Anordnung beantragte, obwohl er wusste, dass der Asylbewerber untergetaucht war und keine Gefahr bestand, dass er überhaupt im Rahmen eines anstehenden Transports mit dem Flugzeug nach Afghanistan verbracht wird. Der zweite Fall betraf eine Verfassungsbeschwerde im Zusammenhang mit dem G20-Gipfel in Hamburg. Dort hatte eine Anwältin vorgetragen, dass in einem strafrechtlichen Verfahren Beweismittel nicht berücksichtigt worden seien, insbesondere ein Video, aus dem sich entlastende Umstände für ihren Mandanten ergäben. Als man das Video angeschaut hat, hat man gesehen, dass alles, was die Anwältin behauptet hat, auf diesem Video nicht dokumentiert war – eher war das Gegenteil der Fall. Die Beispiele zeigen, dass die Missbrauchsgebühr auf seltene Ausnahmefälle beschränkt ist.

Vor dem Hintergrund der enormen Belastung, unter denen das Gericht leidet, wird daher immer wieder über andere Abhilfemöglichkeiten nachgedacht. Vorgeschlagen wird insoweit häufig eine sog. „Mutwillensgebühr", die in Betracht kommen soll, wenn erkennbar ist, dass an einer Verfassungsbeschwerde nichts dran ist, der Beschwerdeführer aber darauf besteht, dass sie weiter behandelt wird. In diesem Fall soll dann eine Gebühr bezahlt werden. Ist die Beschwerde erfolgreich, wird die Gebühr erstattet. Eine solche Gebühr müsste vom Gesetzgeber beschlossen werden. Bereits deshalb halte ich die Einführung einer solchen Gebühr für nicht sehr wahrscheinlich. Außerdem bin ich mir auch nicht sicher, ob es sich dabei um eine wirklich gute Idee handelt, bei der der Nutzen die damit zweifellos verbundenen Nachteile wirklich überwiegt.

Darüber hinaus gibt es weitere Vorschläge zur Entlastung des Gerichts. Beispielsweise wird erörtert neben den beiden bestehenden einen weiteren dritten Senat zu schaffen, um die Arbeit auf mehr Schultern zu verteilen. Ein großes Problem wäre dabei allerdings, dass dann natürlich der Koordinierungsbedarf zwischen den Senaten steigt. Plenarverfahren mit allen 16 Richtern sind bereits jetzt aufgrund ihrer außerordentlichen Aufwendigkeit nicht übermäßig beliebt beim Bundesverfassungsgericht. Daher trifft dieser Vorschlag nicht gerade auf übermäßige Begeisterung. Außerdem müsste auch dies durch den Haushaltsgesetzgeber beschlossen werden. Wir sind leider nicht in der komfortablen aber, wie ich finde, sachlich wohl begründeten Situation, die uns heute Morgen aus Frankreich geschildert wurde, wonach der Conseil constitutionel seinen Haushalt selber beschließt. Dass aber der Haushaltsgesetzgeber großes Interesse an der Bereitstellung der erforderlichen Mittel hätte, wage ich zu bezweifeln.

Dann gibt es die Überlegung, die Zahl der wissenschaftlichen Mitarbeiterinnen und Mitarbeiter zu erhöhen. Auch das ist nur begrenzt überzeugend, denn Sie müssen als Richter ja lesen und nachvollziehen, was diese Mitarbeiter erarbeiten. Auch da gibt es Kapazitätsgrenzen, die mir diesen Vorschlag zur Entlastung des Gerichts wenig zielführend erscheinen lassen.

Unabhängig davon bin ich aber fest davon überzeugt, dass wir gut beraten sind, an der Idee des „Bürgergerichts" festzuhalten. Es gibt ja viele die sagen, das Bundesverfassungsgericht kann das Überlastungsproblem doch lösen, indem man ein Selbstbefassungsrecht schafft, d. h. dem Gericht die Möglichkeit gibt – wie das international durchaus üblich ist – zu entscheiden, welche Verfahren überhaupt zum Gegenstand näherer Prüfung und Entscheidung gemacht werden. Ich halte davon sehr wenig, weil ich glaube, dass dies der Akzeptanz des Gerichts auf Dauer eher schaden würde. Das Modell des „Bürgergerichts" hat in der Vergangenheit ersichtlich gut funktioniert. Dafür spricht jedenfalls die Akzeptanz, die das Gericht sich erworben hat. Wir haben in Deutschland ja regelmäßige Befragungen zum Vertrauen der Bevölkerung in staatliche und nichtstaatliche Einrichtungen und Organisationen. Ich sage es mal flapsig: In der Vergangenheit gab es drei Institutionen, die da immer sehr hoch gerankt waren. Das waren der ADAC, der DFB und das BVerfG. Alle sich daran anschließenden Überlegungen überlasse ich Ihnen. Jedenfalls ergibt sich daraus ein Vertrauenskapital, das es zu bewahren gilt und das m. E. wesentlich mit dem Konzept des „Bürgergerichts" verbunden ist.

Nicht immer so sonderlich gut angesehen ist das Bundesverfassungsgericht demgegenüber bei den politischen Entscheidungsträgern, insbesondere bei der jeweiligen Regierung und den sie tragenden Parteien. Das ist strukturell bedingt. Das muss so sein. Denn Aufgabe des Bundesverfassungsgerichts ist es natürlich, Minderheitenrechte zu verteidigen und im Zweifel, die Rechte der Opposition gegenüber den Rechten der Mehrheit durchzusetzen. Aufgabe des Bundesverfassungsgerichts ist es, dem Gesetzgeber – und damit typischerweise der jeweiligen parlamentarischen Mehrheit – an der einen oder anderen Stelle zu sagen, dass er die Leitplanken, die die Verfassung seinem Handeln vorgegeben hat, nicht beachtet hat. Das finden Regierende nicht immer toll. Als ich saarländischer Ministerpräsident war, war ich über die Entscheidungen des saarländischen Verfassungsgerichtshofs natürlich auch nicht immer und uneingeschränkt glücklich.

In diesem Zusammenhang wird dann nicht selten der Vorwurf erhoben, das Gericht beachte die ihm gesetzten Grenzen nicht. Es habe politischen Gestaltungsehrgeiz, statt sich auf die Aufgabe, Hüter der Verfassung zu sein, zu beschränken. Diese Diskussion gibt es, seit es das Bundesverfassungsgericht gibt und sie wird auch in der Zukunft nicht aufhören. Sie wird lediglich im Zeitablauf mit jeweils unterschiedlicher Intensität geführt. Mal wird die Kritik noch ganz verträglich und nett formuliert, etwa wenn der damalige Bundeskanzler Konrad Adenauer beim ersten Rundfunkurteil die Entscheidung des Gerichts mit der Bemerkung bedachte: „Das haben wir uns so nicht vorgestellt." Es gab aber auch schon Kommentierungen der Entscheidungen des Bundesverfassungsgerichts von Fraktionsvorsitzenden großer Volksparteien, die eher der Fäkalsprache entliehen waren, weswegen ich dies hier nicht zitieren möchte. Letztlich besteht hier ein natürliches Spannungsfeld und deshalb glaube ich, dass es da auch keine dauerhafte Lösung gibt. Wir werden diese Diskussion immer führen müssen und wir sollten und können sie mit Gelassenheit führen. Das Bundesverfassungsgericht ist verpflichtet, sich auf die Interpretation der Verfassung zu beschränken. Es ist bestrebt, die Gestaltungsspielräume der Politik uneingeschränkt zu achten. Aber natürlich kann man im Detail immer wieder darüber diskutieren, ob dies tatsächlich auch gelungen ist oder nicht.

Insgesamt glaube ich, dass das Gericht seinen Auftrag, Hüter der Verfassung und nicht Gestalter der Politik zu sein, vernünftig erfüllt hat. Es hat damit einen wichtigen Beitrag zur Stabilisierung der demokratischen Ordnung des Grundgesetzes geleistet und wesentlich zu dem Kitt, der unsere Gesellschaft zusammenhält, beigetragen. Sein Auftrag ist damit selbstverständlich nicht erledigt. Er besteht unter veränderten Rahmenbedingungen fort. Dazu nur eine Anmerkung: Natürlich stellen die Prozesse der Internationalisierung und der europäischen Integration auch Verfassungsgerichtsbarkeiten vor neue Fragen. Der Geltungsanspruch des Grundgesetzes hat sich damit aber nicht erledigt. Das Grundgesetz ist europarechtsfreundlich. Es ist völkerrechtsfreundlich. Die Frage ist daher, wie man dem Geltungsanspruch der Verfassung unter den Bedingungen zunehmender und gewollter Internationalisierung angemessen Geltung verschaffen kann. Damit verbunden ist die Frage des Verhältnisses von Verfassungsgerichtsbarkeiten im Mehrebenensystem, des Verhältnisses von Europäischem Gerichtshof, vom EGMR und nationalen Verfassungsgerichten sowie die Frage des Verhältnisses von Europarecht und nationalem Verfassungsrecht. Die Debatte dieser Thematik ist bei weitem nicht zu Ende und zählt zu den schwierigsten und spannendsten Problemfeldern, die wir gegenwärtig zu diskutieren haben. Deshalb werden sich die Bitburger Gespräche zu Anfang des nächsten Jahres unter einem spezifischen Aspekt dieser Thematik widmen. Hier ist jedenfalls nicht der Ort und die Zeit, diese Probleme weiter auseinanderzudividieren.

Deshalb möchte ich mich zum Schluss auf eine Anmerkung zu der Frage beschränken, ob das offensichtlich recht erfolgreiche Modell der deutschen Verfassungsgerichtsbarkeit eigentlich ein exportgeeignetes Modell ist? Dazu will ich erstens sagen, dass dieses Modell ein spezifisch aus unserer Geschichte entstandenes Konzept darstellt. Der Respekt vor anderen verfassungsrechtlichen Traditionen gebietet es deshalb, bei der Frage „Inwieweit ist dieses Modell übertragbar?" zurückhaltend zu sein. Zweitens: Wenn formuliert wird: „Die Verfassungsgerichtsbarkeit des Grundgesetzes ist wesentliches Element eines demokratischen Rechtsstaates" bin ich bei dieser These eher skeptisch. Demokratie und Rechtsstaatlichkeit sind auch ohne Verfassungsgerichte gestaltbar. Die Verfassungsgerichtsbarkeit ist kein notwendiges Element eines Systems der Gewaltenteilung, der Volkssouveränität und der Rechtsstaatlichkeit. Eines geht aber nicht: Wenn Sie in einem demokratischen System sich für eine Verfassungsgerichtsbarkeit entscheiden, dann ist es notwendig, die Verfassungsgerichtsbarkeit so auszugestalten und so auszustatten, dass Sie dem Auftrag, Demokratie- und Rechtsstaatlichkeit durchzusetzen, Rechnung tragen kann. Heute Morgen war die Rede davon, dass Rechtsstaatlichkeit möglicherweise dem demokratischen Prinzip entgegengesetzt sein kann. Meine Überzeugung ist, dass beide Prinzipien in einem komplementären Verhältnis zueinander stehen. Demokratie geht nicht ohne Minderheitenschutz. Demokratie geht nicht ohne Verbindlichkeit des Rechts. Demokratie geht nicht ohne Gewaltenteilung, ohne checks and balances, wie auch immer das im Einzelnen ausgestaltet ist. Deshalb ist die Idee der illiberalen Demokratie, d. h. die Verabsolutierung der Mehrheitsregel, sowie die Vorstellung, es gebe einen einheitlichen Willen des Volkes und diejenigen, die die Mehrheit haben, hätten das Recht, diesen Willen unter Missachtung auch rechtsstaatlicher Strukturen durchzusetzen, also die Idee „der Befreiung der Demokratie aus den Fesseln des Rechtsstaates" jedenfalls für die Vorstellung der Demokratie, so wie sie das Grundgesetz hat, nicht akzeptabel. Ich wundere mich, wie eher schweigend man die Vision der illiberalen Demokratie, die wohl in allererster Linie in neuerer Zeit in Ungarn vom dortigen Staatspräsidenten entwickelt worden ist, hinzunehmen bereit ist.

Wer Verfassungsgerichtsbarkeit in einem demokratischen System will, muss akzeptieren, dass dieses Gericht dann auch unabhängig einen Beitrag zur Gewaltenteilung leistet und dass ein solches Verfassungsgericht, nur dann seinen Namen verdient, wenn es unabhängig und mit ausreichenden Kompetenzen ausgestattet den übrigen Staatsgewalten gegenübertritt. Unzulässig ist dann jeder Versuch der Unterminierung seiner Arbeit durch eng geschnürte Verfahrenskonzepte, durch Vorgaben in welcher Reihenfolge die Fälle zu erledigen sind, durch kontrollfreie Verfassungsräume, durch die Auswahl der Richter nach der jeweiligen politischen Mehrheit, durch die Aufblähung der Spruchkörper zur Durchsetzung personalpolitischer Ziele, durch überzogene Mehrheitsregelungen, um Entscheidungsfindungen zu verhindern, oder durch die Infragestellung der Verbindlichkeiten der Entscheidungen, die durch die Verfassungsgerichte getroffen werden. Wenn sich der europäische Gerichtshof jetzt erstmals in seiner Geschichte mit der Frage beschäftigt, welche Möglichkeiten zur Durchsetzung seiner Entscheidungen er denn hat, welche Vollstreckungsanordnungen er denn eigentlich treffen kann, dann ist das ein Alarmzeichen. Ich glaube, dass wir in einer Entwicklung sind, die geprägt ist von einer schrittweisen Erosion des Rechtsstaates. Unabhängige Verfassungsgerichtsbarkeit kann diesen Prozess aufhalten und deshalb lohnt es sich, für unabhängige Verfassungsgerichtsbarkeit einzutreten. Deshalb ist es verdienstvoll, Herr Landtagspräsident, dass heute hier diese Veranstaltung stattfindet, und deshalb bedanke ich mich für die geduldige Aufmerksamkeit.

Kyrill-A. Schwarz

Funktionsbedingungen unabhängiger Verfassungsgerichtsbarkeit*

I. Einleitung

Das Bundesverfassungsgericht ist eine sehr bemerkenswerte Institution des Verfassungslebens; es zeichnet sich durch ungeheure Beliebtheit bei der Bevölkerung,[1] weniger aber bei Politikern aus. Während üblicherweise Machtgewinn mit Misstrauen und Unbehagen einhergeht, findet eine deutliche Mehrheit in der Bevölkerung den politischen Einfluss des Gerichts angemessen. Diese Mehrheit ist auch der Ansicht, dass das Gericht die Politik nicht nur kontrollieren muss, sondern ihr zudem auch Vorgaben machen darf, wie verfassungskonforme Zustände herzustellen sind. Das Gericht soll also nicht nur entscheiden, wie wir verfasst sind, sondern auch wie wir verfasst sein wollen. Die Bürger wünschen sich offensichtlich Verfassungsgestaltung durch das Bundesverfassungsgericht. Von einer Vertrauenskrise – wie sie bisweilen der Politik attestiert wird – ist das Bundesverfassungsgericht nicht betroffen; das Gericht genießt vielmehr größtes Ansehen: 75 % der Bundesbürger vertrauen dem Gericht uneingeschränkt; zum Vergleich: Der Bundespräsident kommt auf einen Wert von 63 %, Bundestag und Bundesrat auf ca. 40 %, die Europäische Kommission auf 22 % und das Schlusslicht bilden politische Parteien mit einem Wert von lediglich 17 %.[2] Aber auch inhaltlich findet sich große Zustimmung mit Entscheidungen. Während noch in der Mitte der 90er Jahre verfassungsgerichtliche Entscheidungen in hohem Maße kontrovers diskutiert wurden – man denke hier nur an die Rechtsprechung zur Meinungsfreiheit des Art. 5 Abs. 1 GG[3] oder zur Religionsfreiheit in Art. 4 GG[4] –, sind heute mehr als zwei Drittel der Bevölkerung der Ansicht,

---

* Schriftliche Fassung des Vortrags, den der Autor bei der Tagung „Funktionsbedingungen unabhängiger Verfassungsgerichtsbarkeit" am 20. Oktober 2017 gehalten hat.

1 Dazu ausführlich *W. J. Patzelt*, Warum mögen die Deutschen ihr Verfassungsgericht so sehr?, in: v. Oyen/Möllers (Hrsg.), Handbuch Bundesverfassungsgericht im politischen System, 2. Aufl., 2015, S. 313 ff.

2 So schon die Zahlen im Jahr 2012, zitiert nach *R. Köcher*, Das Bollwerk, FAZ v. 21.08.2012. Es gibt keinen Anlass zu bezweifeln, dass sich in der Zwischenzeit die Werte substanziell verschoben haben.

3 BVerfGE 93, 266 ff. („Soldaten sind Mörder").

4 BVerfGE 93, 1 ff. („Kruzifix").

dass das Bundesverfassungsgericht und seine Entscheidungen die Wertordnung der Bundesrepublik Deutschland widerspiegeln.

Dieser tatsächliche Befund erklärt indes nicht, warum das Gericht einen Status genießt, der nicht nur mit dem Vertrauen in einen Rechtsstaat als Antwort auf die Katastrophe des Nationalsozialismus zu erklären ist. Insgesamt geht es darum, das dem Bundesverfassungsgericht begegnende Wohlwollen als Grundvertrauen zu verstehen, ohne das ein freiheitliches Gemeinwesen gar nicht lebensfähig ist.[5] Will man hier nicht das Böckenförd´sche Theorem[6] dahingehend abwandeln, dass „*...Verfassungsgerichtsbarkeit von Voraussetzungen lebt, die sie selbst nicht garantieren kann*“, dann muss man sich auf einer Metaebene auf die Suche nach Funktionsbedingungen und Funktionsvoraussetzungen von Verfassungsgerichtsbarkeit machen. Dabei soll nachfolgend zwischen normativen oder institutionellen einerseits (dazu unter II.) und außerrechtlichen Funktionsbedingungen (dazu unter III.) unabhängiger Verfassungsgerichtsbarkeit andererseits unterschieden werden.

II. Institutionelle Funktionsbedingungen

Die zentrale Grundvoraussetzung für die Akzeptanz und Anerkennung von Verfassungsgerichtsbarkeit – auch mit Blick auf ihre politischen Implikationen und Folgewirkungen – ist die Unabhängigkeit, und zwar in sachlicher als auch in persönlicher Hinsicht. Hier gilt es zunächst, die normativen Vorgaben – sowohl der Verfassung als auch des einfachen Gesetzgebers – in den Blick zu nehmen.[7]

1. Das Bundesverfassungsgericht als maßgeblicher Interpret des Grundgesetzes

Unstreitig ist das Bundesverfassungsgericht das Ergebnis einer politischen Entscheidung; aber das Entscheidende ist die Akzeptanz dieser Institution, die maßgeblich dafür verantwortlich ist, dass der politische Prozess sich im Rahmen der

---

5 So deutlich *J. Isensee*, Diskussionsbeitrag, Essener Gespräche zum Thema Staat und Kirche, Bd. 50, 2017, S. 72.

6 *E.-W. Böckenförde*, Staat, Gesellschaft, Freiheit, 1976, S. 60: „Der freiheitliche, säkularisierte Staat lebt von Voraussetzungen, die er selbst nicht garantieren kann“.

7 Siehe dazu nur *J. Limbach*, Zur Wahl der Richterinnen und Richter des Bundesverfassungsgerichts, in: Herdegen/Klein/Papier/Scholz (Hrsg.), Festschrift für Roman Herzog, 2009, S. 273 (277); siehe ferner auch *C. Möllers*, Legalität, Legitimität und Legitimation des Bundesverfassungsgerichts, in: Schönberger/Jestaedt/Lepsius/Möllers (Hrsg.), Das entgrenzte Gericht, 6. Aufl., 2016, S. 281 (291).

verfassungsmäßigen Ordnung bewegt: Es geht um die Verrechtlichung der politischen Ordnung.[8]

Mit dem Bundesverfassungsgericht hat das Grundgesetz ein selbständiges Gericht errichtet, das die Verfassung letztentscheidend mit dem Anspruch auf Verbindlichkeit interpretiert: „*Entsprechend seiner Aufgabe, das Verfassungsrecht zu bewahren, zu entwickeln und fortzubilden (…, hat es) selbst letztverbindlich über dessen Auslegung und Anwendung zu entscheiden.*"[9] Das bedeutet indes nicht im Sinne einer prinzipalen Verfassungsauslegung die abstrakte Deutung des Inhalts der Verfassung; vielmehr sind es konkrete Verfahren, die Anlass dafür bieten, dass das Gericht seine Rolle als „*verbindliche Instanz in Verfassungsfragen*"[10] wahrnehmen kann und muss. Unstreitig verändert indes das beim Bundesverfassungsgericht monopolisierte richterliche Prüfungs- und Verwerfungsrecht die Gewaltenbalance zu Lasten des demokratisch legitimierten Gesetzgebers.[11] Wenn aber das Bundesverfassungsgericht den Vorrang der Verfassung[12] auch vor dem Willen der demokratischen Mehrheit garantiert, dann bedeutet dies, dass dem Gericht auch gegenüber dem Gesetzgeber das letzte Wort in Verfassungsfragen zusteht, wobei das Gericht zwar an die Verfassung als Prüfungsmaßstab gebunden ist, aber über die Auslegung dieses Maßstabs selbst autonom entscheidet.[13] Dann aber kommt es entscheidend auf die Modalitäten der Auslegung an; erfolgt sie zurückhaltender, wird der demokratische Souverän eher geschont, wird sie extensiver betrieben, verringert sich der dem demokratisch legitimierten Gesetzgeber verbleibende Spielraum.[14] Vor diesem Hintergrund

---

8 Dazu auch *C. Möllers*, Legalität, Legitimität und Legitimation des Bundesverfassungsgerichts, in: Schönberger/Jestaedt/Lepsius/Möllers (Hrsg.), Das entgrenzte Gericht, 6. Aufl., 2016, S. 281 (313 f.).

9 BVerfGE 108, 282 (295).

10 BVerfGE 40, 88 (93).

11 Dazu auch *C. Hillgruber/C. Goos*, Verfassungsprozessrecht, 4. Aufl., 2015, S. 14; *C. Starck*, Das Bundesverfassungsgericht in der Verfassungsordnung und im politischen Prozeß, in: Badura/Dreier (Hrsg.), Festschrift 50 Jahre Bundesverfassungsgericht, Bd. 1, 2001, S. 1 (6).

12 Vgl. dazu nur *H. H. Klein*, Verfassungsgerichtsbarkeit und Verfassungsstruktur, in: Schwarz/Kaufmann (Hrsg.), Das Parlament im Verfassungsstaat, 2006, S. 409 f.

13 Das ist letzten Endes auch mit der berühmten Aussage von Chief Justice *Hughes* gemeint: "We are under a constitution, but the constitution is what the judges say it is.", in: C. E. Hughes, Addresses and papers of Charles Evan Hughes, 2007, S. 139.

14 Exemplarisch für das gebotene Maß an Zurückhaltung NdsStGH, Urt. v. 15.8.1995 (juris): „Zu welchen Lösungen der Gesetzgeber im einzelnen greifen wird, (…) ist nicht voraussehbar. Eine verfassungsrechtliche Überprüfung der angegriffenen Regelungen (…) wäre weitgehend hypothetisch. Der Staatsgerichtshof würde letzten Endes ein

erweist sich eine sachgerechte, das gewaltenteilige System des Grundgesetzes respektierende Auslegung als eine erste entscheidende Funktionsvoraussetzung von Verfassungsgerichtsbarkeit.

Im Ergebnis wird man daher sagen können, dass gerade die Anerkennung des Bundesverfassungsgerichts als Verfassungsorgan[15] eine entscheidende Funktionsbedingung von Verfassungsgerichtsbarkeit ist, bringt dies doch die politische Komponente der Entscheidungen bei gleichzeitiger Rückbindung des politischen Potentials der Entscheidungen an die Verfassung zum Ausdruck. Mag die in der zitierten Denkschrift manifestierte Selbstermächtigung als „... das mit höchster Autorität ausgestattete Verfassungsorgan...“ im Jahr 1952 noch anmaßend erscheinen und eine politische Gestaltungsmacht behaupten, die einen Konflikt mit dem demokratisch legitimierten Gesetzgeber geradezu heraufbeschwört, so dürfte aber gerade die Behauptung der gesellschaftlichen und politischen Dimension des eigenen Handelns entscheidend für die dann gewachsene Akzeptanz des Gerichts gewesen sein.[16]

2. Zuständigkeitskataloge als Ausdruck institutioneller Unabhängigkeit

Daneben lassen schon die jeweiligen Zuständigkeitskataloge (Art. 93 Abs. 1 GG) erkennen, wie wirkungsmächtig Verfassungsgerichtsbarkeit sein kann, wenn dem Bundesverfassungsgericht mit der Möglichkeit der abstrakten Normenkontrolle[17] eine Normverwerfungsbefugnis gegenüber dem parlamentarischen Gesetzgeber eingeräumt wird, wenn der Einzelne die Möglichkeit hat, sich unter Beachtung bestimmter formaler Zulässigkeitskriterien im Wege der Individualverfassungsbeschwerde[18] mit der Behauptung einer Verletzung seiner

---

Rechtsgutachten über die Gestaltung des neuzuerlassenden Finanzausgleichsgesetzes erstatten. Das ist nicht seine Aufgabe.“

15 So schon die Denkschrift des Bundesverfassungsgerichts vom 26. Juni 1952, in: Jahrbuch des öffentlichen Rechts der Gegenwart N.F. 6 (1957), S. 144 (145).

16 *A. Farahat*, Das Bundesverfassungsgericht, in: v. Bogdandy/Grabenwarter/Huber (Hrsg.), IPE Bd. VI, 2016 § 97, Rdnr. 38.

17 Zur Bedeutung der abstrakten Normenkontrolle siehe ausführlich auch *W. Heun*, Normenkontrolle, in: Badura/Dreier (Hrsg.), Festschrift 50 Jahre Bundesverfassungsgericht, Bd. 1, 2001, S. 615 ff. Gleichwohl ist bemerkenswert, dass das Bundesverfassungsgericht in seiner über fünfundsechzigjährigen Geschichte nur 492 Normen des Bundes als verfassungswidrig beanstandet hat, was jedenfalls auch als ein Zeichen der Güte der Arbeit des Gesetzgebers gedeutet werden kann.

18 Zur Bedeutung der Verfassungsbeschwerde siehe ausführlich *A. Farahat*, Das Bundesverfassungsgericht, in: v. Bogdandy/Grabenwarter/Huber (Hrsg.), IPE Bd. VI, 2016,

Grundrechte durch die deutsche öffentliche Gewalt an das Bundesverfassungsgericht zu wenden oder wenn etwa dem Bundesverfassungsgericht die Befugnis zugewiesen wird, auf Antrag eine politische Partei zu verbieten – einen unstreitig schwerwiegenden Eingriff in das demokratische Prinzip des Grundgesetzes, der nur unter engen tatbestandlichen Voraussetzungen überhaupt statthaft sein kann.[19]

In diesem Zusammenhang kann auch die These aufgestellt werden, dass zu den Funktionsbedingungen unabhängiger Verfassungsgerichtsbarkeit das Entscheidungsmonopol – wohlgemerkt nicht das Deutungsmonopol – des Gerichts zählt. Dieses umfasst auch – und das ist von zentraler Bedeutung – die Exklusivität des Prüfungsmaßstabes und die ausschließliche Zuweisung zur Auslegung des Verfassungsrechts. Während letzteres das Bundesverfassungsgericht in ständiger Rechtsprechung für sich reklamiert,[20] ist die Exklusivität des Prüfungsmaßstabes nicht mehr uneingeschränkt gegeben. Konnte das Gericht in der Vergangenheit alle rechtlichen Grundsatzfragen zu Verfassungsfragen machen und dann entsprechend beantworten, so ist dies in Ansehung der Verdichtung der europäischen Integration und der zunehmenden Bedeutung des Völkerrechts nicht mehr möglich, da die maßgeblichen Interpreten dieser Rechtsordnungen in Luxemburg oder in Straßburg, aber nicht in Karlsruhe, sind. Dies lässt sich exemplarisch am Thema Datenschutz verdeutlichen: Konnte das Gericht im Volkszählungsurteil von 1983[21] noch autonom ein „Grundrecht auf informationelle Selbstbestimmung" entwickeln, so konnte das Gericht bei der Vorratsdatenspeicherung,[22] die auf der Umsetzung einer europäischen Richtlinie

---

§ 97, Rdnr. 50 ff.; *C. Gusy*, Die Verfassungsbeschwerde, in: Badura/Dreier (Hrsg.), Festschrift 50 Jahre Bundesverfassungsgericht, Bd. 1, 2001, S. 641 ff. Auch die Zahlen der Verfassungsbeschwerde machen deutlich, von welch zentraler Bedeutung diese für eine effektive Verfassungsgerichtsbarkeit sind: So sind bis zum 31.12.2016 insgesamt 218.437 Verfassungsbeschwerden anhängig gemacht worden, von denen 215.360 auch erledigt wurden. Allerdings waren nur 4.989 (also 2,3 %) erfolgreich; Quelle: www.bundesverfassungsgericht.de.

19 Dazu BVerfG, NJW 2017, S. 611 ff., Ls. 1: „Das Parteiverbot nach Art. 21 Abs. 2 GG stellt die schärfste und überdies zweischneidige Waffe des demokratischen Rechtsstaats gegen seine organisierten Feinde dar". Dazu im Schrifttum *C. Gusy*, in: NJW 2017, S. 601 ff.; *T. Kingreen*, in: Jura 2017, S. 499 ff.; *H.-W. Laubinger*, in: ZRP 2017, S. 55 ff.; *F. Shirvani*, in: DÖV 2017, S. 477 ff.; *A. Uhle*, in: NVwZ 2017, S. 583 ff.; *G. Warg*, in: NVwZ-Beilage 2017, S. 42 ff.

20 BVerfGE 108, 282 (295).

21 BVerfGE 65, 1 ff. („Volkszählung").

22 BVerfGE 125, 260 ff. (Vorratsdatenspeicherung").

basierte, nur noch den dem nationalen Gesetzgeber verbleibenden Umsetzungsspielraum kontrollieren, aber nicht mehr das Sachproblem autonom auf der Grundlage des deutschen Verfassungsrechts beantworten. Das Ineinandergreifen verschiedener Rechtsebenen erschwert den eindeutigen Rückbezug auf die Verfassung als primärem Maßstab.

3. Innere Unabhängigkeit als Funktionsvoraussetzung

Eine Gefährdung der Unabhängigkeit und Unparteilichkeit von Verfassungsgerichtsbarkeit, der es vorzubeugen gilt, kann sich aus Beeinträchtigungen innerer Unabhängigkeit ergeben. Die in Art. 20 Abs. 3 GG statuierte Bindung der Rechtsprechung an Recht und Gesetz verlangt auch und gerade eine innere Unabhängigkeit von – ggf. auch nur subtilen – gesellschaftlichen und politischen Einflüssen, ebenso wie die Unabhängigkeit von außerrechtlichen Vorverständnissen.[23] Vor diesem Hintergrund dürfte es entscheidend darauf ankommen, sich der Tatsache zu vergewissern, dass Verfassungsgerichtsbarkeit – unbeschadet der politischen Folgewirkungen ihrer Entscheidungen – seine Entscheidungen nicht etwa nach politischen Maßstäben treffen darf.[24] Vielmehr gilt der Grundsatz, dass politischer Gegenstand der Entscheidung und rechtlicher Maßstab strikt zu trennen sind.[25] Dies ist kein Verzicht des Bundesverfassungsgerichts, „*Politik zu betreiben*",[26] sondern letzte Konsequenz der Tatsache, dass gerade dies auch nicht in die Zuständigkeit des Gerichts fällt.[27] Natürlich ist die Kontrolle von Macht selbst auch Macht; aber wenn das Bundesverfassungsgericht am Maßstab des Grundgesetzes Recht spricht, wirkt es in den Bereich des Politischen hinein, weil es damit die Verfassung eines politischen Gemeinwesens auslegt und anwendet.[28] Dabei darf aber nicht übersehen werden, dass es das Grundgesetz selbst

23 Vgl. nur *C. Burkiczak*, in: Burkiczak/Dollinger/Schorrkopf (Hrsg.), BVerfGG, 2015, § 1 Rdnr. 61; *H. Sodan*, Staat und Verfassungsgerichtsbarkeit, 2010, S. 30 f.

24 Siehe insoweit auch *C. Burkiczak*, in: Burkiczak/Dollinger/Schorrkopf (Hrsg.), BVerfGG, 2015, § 1 Rdnr. 65; *A. Heusch*, Verfassungsgerichtliche Gesetzeskontrolle, in: Kluth/Krings (Hrsg.), Gesetzgebung, 2014, § 36, Rdnr. 20.

25 Ausführlich dazu: *E.-W. Böckenförde*, NJW 1999, S. 9 (12); *C. Burkiczak*, in: Burkiczak/Dollinger/Schorrkopf (Hrsg.), BVerfGG, 2015, § 1 Rdnr. 65; *J. Isensee*, JZ 1996, S. 1085 (1091); *H. Sodan*, Staat und Verfassungsgerichtsbarkeit, 2010, S. 12 ff.

26 So die – befremdlich anmutende – Formulierung in BVerfGE 36, 1 (14) („Grundlagenvertrag").

27 So deutlich *C. Burkiczak*, in: Burkiczak/Dollinger/Schorrkopf (Hrsg.), BVerfGG, 2015, § 1 Rdnr. 65.

28 Siehe dazu nur *J. Limbach*, Zur Wahl der Richterinnen und Richter des Bundesverfassungsgerichts, in: Herdegen/Klein/Papier/Scholz, Festschrift für Roman Herzog,

ist, das dem Bundesverfassungsgericht die Sonderstellung als ausschließlichem Interpreten der Verfassung einräumt; diese Entscheidung der Verfassung ist aber durchaus veränderbar und begründet keinen ewigen Bestandsschutz einer Institution.

Überschreitet das Gericht aber diese Grenze der ihm eingeräumten Befugnisse zur Überprüfung der Vereinbarkeit eines Gesetzes mit höherrangigem Recht, so ist dieser Versuch der Durchsetzung eigener rechtspolitischer Vorstellungen[29] schon deshalb problematisch, weil gerade dies die Akzeptanz der Entscheidungen erheblich schwächen kann. Richterliche Zurückhaltung erweist sich insoweit auch als eine zentrale Funktionsbedingung unabhängiger Verfassungsgerichtsbarkeit. Umgekehrt ist aber auch daran zu erinnern, dass das Bundesverfassungsgericht seine Aufgabe, Garant des Vorrangs der Verfassung zu sein, auch nur dann sachgerecht erfüllen kann, wenn auch seitens der Politik Zurückhaltung das Gebot des Umgangs mit dem Gericht ist.[30]

4. Weitere institutionelle Funktionsbedingungen unabhängiger Verfassungsgerichtsbarkeit

Die Unabhängigkeit und die Stellung der Verfassungsgerichtsbarkeit in der Öffentlichkeit werden aber auch durch weitere institutionelle Sicherungen beeinflusst: Dies betrifft zum einen schon die Wahl der Mitglieder des Gerichts, die nach Art. 94 Abs. 2 GG i.V.m. §§ 6 ff. BVerfGG je zur Hälfte mit Zweidrittelmehrheit durch Bundestag und Bundesrat gewählt werden.[31] Eine erhebliche

---

2009, S. 273 (277); siehe ferner auch *C. Möllers*, Legalität, Legitimität und Legitimation des Bundesverfassungsgerichts, in: Schönberger/Jestaedt/Lepsius/Möllers (Hrsg.), Das entgrenzte Gericht, 6. Aufl., 2016, S. 281 (291).

29 Exemplarisch sei hier die Rechtsprechung des Ersten Senats des Bundesverfassungsgerichts zu Art. 6 GG genannt. Das Gericht hat hier weniger die Verfassung ausgelegt, als vielmehr mit einer methodisch kaum befriedigenden Dogmatik einen Verfassungswandel vorgezeichnet, an dessen Ende die sog. „Ehe für alle“ (Gesetz zur Einführung des Rechts auf Eheschließung für Personen gleichen Geschlechts vom 20. Juli 2017, BGBl. I S. 2787) steht. Kritisch zur Rechtsprechung des Bundesverfassungsgerichts im Schrifttum: *M. Burgi*, in: Friauf/Höfling, GG, 4. Ergl., 2002, Art. 6 Rdnr. 47 ff.; *J. Ipsen*, in: NVwZ 2017, S. 1096 ff.

30 Vgl. dazu nur *C. Starck*, Das Bundesverfassungsgericht in der Verfassungsordnung und im politischen Prozeß, in: Badura/Dreier (Hrsg.), Festschrift 50 Jahre Bundesverfassungsgericht, Bd. 1, 2001, S. 1 (32).

31 Zu den Anforderungen an die Auswahl der Verfassungsrichter siehe nur *H. Sodan*, Staat und Verfassungsgerichtsbarkeit, 2010, S. 32 ff.; siehe ferner auch *H. H. Klein*, Gedanken zur Verfassungsgerichtsbarkeit, in: Schwarz/Kaufmann (Hrsg.), Das Parlament im

Stärkung der persönlichen richterlichen Unabhängigkeit dürfte zudem in der Regelung des § 4 Abs. 1 BVerfGG zu sehen sein, wonach die Amtszeit – ohne Möglichkeit der Wiederwahl – auf 12 Jahre begrenzt ist.[32] Das gegenwärtige Verfahren der Richterauswahl ist – unbeschadet manch geäußerter Kritik[33] – geeigneter, die Sachkompetenz und die Unabhängigkeit der Richter zu prüfen, als eine öffentliche Debatte mit Hearings oder Anhörungen – wie beispielsweise in den Vereinigten Staaten üblich – dies leisten könnte. Das Verfahren dient dem Auftrag, das Gericht mit solchen Richterpersönlichkeiten zu besetzen, deren fachliche Güte, deren Unabhängigkeit, deren Urteilskraft und deren Amtsverständnis die Gewähr dafür bietet, dass die Entscheidungen akzeptiert werden. Persönlichkeiten, die das Vertrauen in die Entscheidungen des Gerichts stärken, die den Entscheidungen Glaubwürdigkeit verleihen können, sichern damit auch die Herrschaft des (Verfassungs-)Rechts.[34]

Neben diesen Aspekten gilt es aber auch die Funktionsfähigkeit des Gerichts in organisatorischer und finanzieller Hinsicht selbst sicherzustellen, da auch dies zentrale Funktionsvoraussetzungen effektiver Verfassungsgerichtsbarkeit sind. So muss Verfassungsgerichtsbarkeit institutionell in einer Weise abgesichert sein, die Entscheidungen in angemessener Zeit[35] ermöglicht, weil gerade dies für die Akzeptanz eines Gerichts von zentraler Bedeutung ist. Dies verlangt eine amtsangemessene Vergütung, die der Höhe nach auch so bemessen sein muss, dass sie einerseits Anreiz für die Bürde des Amtes ebenso ist wie andererseits auch

---

Verfassungsstaat, 2006, S. 425 (442 f.); *J. Limbach*, Zur Wahl der Richterinnen und Richter des Bundesverfassungsgerichts, in: Herdegen/Klein/Papier/Scholz (Hrsg.), Festschrift für R. Herzog zum 75. Geburtstag, 2009, S. 273 ff.

32 Dazu *C. Burkiczak*, in: Burkiczak/Dollinger/Schorrkopf (Hrsg.), BVerfGG, 2015, § 1 Rdnr. 60; *P. Heinrichsmeier*, in: Burkiczak/Dollinger/Schorrkopf (Hrsg.), BVerfGG, 2015, § 4 Rdnr. 8; *H. Sodan*, Staat und Verfassungsgerichtsbarkeit, 2010, S. 30 f.

33 Siehe nur die Nachweise bei *D. Wiefelspütz*, DÖV 2012, S. 961 ff.; ausführlich auch *U. Kischel*, Amt, Unbefangenheit und Wahl der Bundesverfassungsrichter, in: Isensee/Kirchhof (Hrsg.), HStR III, 3. Aufl., 2005, § 69 Rdnr. 27 ff.; *C. Landfried*, Die Wahl der Bundesverfassungsrichter und ihre Folgen für die Legitimität der Verfassungsgerichtsbarkeit, in: v. Oyen/Möllers (Hrsg.), Handbuch Bundesverfassungsgericht im politischen System 2. Aufl., 2015, S. 369 (383).

34 Vgl. insoweit nur *A. Farahat*, Das Bundesverfassungsgericht, in: v. Bogdandy/Grabenwarter/Huber (Hrsg.), IPE Bd. VI, 2016, § 97, Rdnr. 30; *J. Isensee*, Bundesverfassungsgericht – Von der Unvermeidlichkeit des Vertrauens, in: Rauscher (Hrsg.), Gesellschaft ohne Grundkonsens?, 1997, S. 81 (97, 99 f.).

35 Siehe dazu nur EGMR, NJW 2015, S. 3359 ff. zur Frage, ob eine viereinhalbjährige Verfahrensdauer vor dem Bundesverfassungsgericht noch als angemessen anzusehen ist.

nur die theoretische Empfänglichkeit für Versuche sachwidriger Einflussnahme auszuschließen geeignet ist. Daneben ist aber auch und gerade die Ausstattung mit nachgeordnetem Personal – hier sind in Sonderheit die Wissenschaftlichen Mitarbeiter[36] gemeint – von zentraler Bedeutung für eine effektive Aufgabenwahrnehmung der dem Gericht obliegenden Aufgaben.

III. Außerrechtliche Funktionsbedingungen

Will man jenseits der zuvor genannten Funktionsbedingungen nach Voraussetzungen unabhängiger Verfassungsgerichtsbarkeit fragen, dann kann sich die Antwort nicht nur aus der positivrechtlichen Hardware, sondern auch und gerade aus der rechtskulturellen Software ergeben.[37] Denn welches Verständnis von Verfassung und welche Auslegungsmethode vorzugswürdig ist, welches Ansehen ein Gericht bei anderen Staatsorganen, bei anderen Gerichten, bei der Öffentlichkeit und zuletzt bei jedem Einzelnen genießt, mit welchem Fingerspitzengefühl richterliches Personal ausgewählt wird und wie professionell und welchem Amtsethos verpflichtet dieses Personal dann agieren wird, all das ergibt sich gerade nicht aus dem positiven Recht, sondern erweist sich als eine Melange verschiedener Faktoren, die in ihrer Heterogenität keine eindeutigen, logisch zwingenden Ergebnisse mit sich bringt.

Einen weiteren Punkt gilt es zu berücksichtigen: Die Akzeptanz des Bundesverfassungsgerichts beruht auch auf der Rechtsförmlichkeit seines Handelns: Das Gericht gewährt Rechte in den Formen des Rechts.[38] Alle Parameter rechtsförmlichen Verhaltens finden sich in den Entscheidungen des Bundesverfassungsgerichts: Unparteilichkeit, Unabhängigkeit, rechtsförmliche Begründungen, all das sind typische Funktionsvoraussetzungen einer unabhängigen Verfassungsgerichtsbarkeit. Schon vor diesem Hintergrund sind natürlich alle Versuche des Gerichts zur Steigerung seiner Legitimität, die sich gerade nicht auf das Recht gründen, höchst problematisch, weil sie erkennen lassen, dass es

---

36 Vgl. nur *C. Burkizcak*, in: Burkiczak/Dollinger/Schorrkopf (Hrsg.), BVerfGG, 2015, § 1 Rdnr. 39 ff.

37 Dazu ausführlich *M. Jestaedt*, Phänomen Bundesverfassungsgericht. Was das Gericht zu dem macht, was es ist, in: Schönberger/Jestaedt/Lepsius/Möllers (Hrsg.), Das entgrenzte Gericht, 6. Aufl., 2016, S. 77 (151).

38 Dazu auch im Schrifttum: *C. Möllers*, Legalität, Legitimität und Legitimation des Bundesverfassungsgerichts, in: Schönberger/Jestaedt/Lepsius/Möllers (Hrsg.), Das entgrenzte Gericht, 6. Aufl., 2016, S. 281 (306 f.).

nicht um rechtliche Maßstäbe geht, sondern vielmehr das Politische im Zentrum der Dezision steht.[39]

Wenngleich keine Form politischer Herrschaft allein mit Befehl und Zwang durchgesetzt werden kann, so ist zu konstatieren, dass Gerichte sich in der Tat am schwächsten mit Blick auf die Durchsetzung ihrer Judikate erweisen. Sie bedürfen grundsätzlich der Vollstreckung durch die Exekutive oder der Umsetzung durch den Gesetzgeber. Die zentrale außer- oder metarechtliche Funktionsbedingung ist daher die Frage nach der Autorität eines Gerichts, das hinsichtlich der Befolgung seiner Entscheidungen und deren Umsetzung auf die Akzeptanz der anderen Staatsorgane angewiesen ist. Hier muss einerseits das Bundesverfassungsgericht zur Wahrung seiner Autorität darauf achten, dass es die übrigen Staatsgewalten nicht überfordert, indem es der abstrakten Rahmenordnung der Verfassung nicht zu viele detaillierte Vorgaben entnimmt, die die Gestaltungsspielräume der Politik unverhältnismäßig beschneiden. Wenn das Bundesverfassungsgericht – jenseits der Rechtskraft der Entscheidungen und der durch das Bundesverfassungsgericht unter Hinweis auf sein Selbstverständnis als „*maßgeblichem Interpret und Hüter der Verfassung*“[40] extensiv interpretierten Bindungswirkung[41] nach § 31 BVerfGG und der Vollstreckungskompetenz nach § 35 BVerfGG – über keine zwangsweisen Durchsetzungsmechanismen gegenüber einer Politik verfügt, die sich weigert, die gebotenen Konsequenzen aus der verfassungsgerichtlichen Kontrolle zu ziehen, so ist das Gericht im Ergebnis auf die Folgebereitschaft der Politik angewiesen.[42] Anders formuliert ist dem Gewaltenteilungsprinzip des Grundgesetzes ein Mechanismus immanent, bei dem das Bundesverfassungsgericht die „*schwächste der Gewalten*“ ist, die aber zugleich „*mit dem Recht des letzten Wortes die höchste Funktion im Verfassungsstaat*“ erhalten hat.[43]

---

39 Vgl. dazu: *C. Möllers*, Legalität, Legitimität und Legitimation des Bundesverfassungsgerichts, in: Schönberger/Jestaedt/Lepsius/Möllers (Hrsg.), Das entgrenzte Gericht, 6. Aufl., 2016, S. 281 (306 f.).

40 BVerfGE 40, 88 (93 f.).

41 Siehe dazu nur BVerfGE 1, 14 (37); 19, 377 (391 f.); 20, 56 (87); 40, 88 (93 f.); 112, 268 (277).

42 *D. Grimm*, Politik und Recht, in: Klein (Hrsg.), Festschrift für Ernst Benda, 1995, S. 91 (97); *O. Lepsius*, Entscheiden durch Maßstabbildung, in: v. Oyen/Möllers (Hrsg.), Handbuch Bundesverfassungsgericht im politischen System 2. Aufl., 2015, S. 119 (122).

43 Vgl. insoweit nur *J. Isensee*, Bundesverfassungsgericht – Von der Unvermeidlichkeit des Vertrauens, in: Rauscher (Hrsg.), Gesellschaft ohne Grundkonsens?, 1997, S. 81 (90).

Diese Autorität des Bundesverfassungsgerichts ist bis heute unangefochten. Die Staatsorgane der Bundesrepublik Deutschland befolgen die Entscheidungsaussprüche oder zollen ihnen zumindest den gebührenden Respekt,[44] wobei dies auch ein Ausdruck politischer Klugheit sein dürfte, um sich nicht dem Vorwurf auszusetzen, man missachte die Verfassung. Die Staatsrechtswissenschaft nimmt sich – oftmals zustimmend, selten kritisch – der verfassungsgerichtlichen Rechtsprechung an und begleitet diese kommentierend.[45] Insgesamt zieht das Gericht seine Autorität aus der Geltungskraft der Verfassung und schafft durch seine Entscheidungen eine Integrationskraft innerhalb der Gesellschaft,[46] die für das Vertrauen in die Institution Bundesverfassungsgericht von zentraler Bedeutung ist. Und gleichwohl verbleibt ein bisweilen befremdliches Gefühl hinsichtlich der Autorität des Gerichts und bezüglich des dem Gericht entgegengebrachten Vertrauens. Ist dies gleichzusetzen mit einem Misstrauen gegenüber dem demokratischen Prinzip des Grundgesetzes?[47] Dies zwingt zu einer Antwort auf die Frage, warum dem demokratisch legitimierten Gesetzgeber weniger Vertrauen entgegengebracht wird als dem Bundesverfassungsgericht. Eine mögliche Antwort ist das immer noch Geheimnisvolle der Institution, eine Entscheidungsfindung, die im Verborgenen und nicht transparent erfolgt, eine wirkungsmächtige Sprache der Entscheidungen, deren Inhalt für Laien kaum verständlich ist, aber gleichwohl Respekt erheischend ist. Es ist das über einen langen Zeitraum

---

44 *M. Jestaedt*, Verfassungsgerichtspositivismus. Die Ohnmacht des Verfassungsgesetzgebers im verfassungsgerichtlichen Jurisdiktionsstaat, in: Depenheuer u. a. (Hrsg.), Nomos und Ethos, 2002, S. 183 (186, 188 ff.).

45 Dazu *B. Schlink*, Der Staat 28 (1989), S. 162 (163).

46 Zur Integrationswirkung der Rechtsprechung des Bundesverfassungsgerichts siehe ausführlich *C. Starck*, Das Bundesverfassungsgericht in der Verfassungsordnung und im politischen Prozeß, in: Badura/Dreier (Hrsg.), Festschrift 50 Jahre Bundesverfassungsgericht, Bd. 1, 2001, S. 1 (25 ff.); siehe ferner auch *C. Möllers*, Legalität, Legitimität und Legitimation des Bundesverfassungsgerichts, in: Schönberger/Jestaedt/Lepsius/Möllers (Hrsg.), Das entgrenzte Gericht, 6. Aufl., 2016, S. 281 (299 ff.).

47 So die Frage bei *J. Limbach*, Wirkungen der Rechtsprechung des Bundesverfassungsgerichts, in: Hanau (Hrsg.), Festschrift für Thomas Dieterich, 1999, S. 337 (344); sehr deutlich auch bei *C. Möllers*, Legalität, Legitimität und Legitimation des Bundesverfassungsgerichts, in: Schönberger/Jestaedt/Lepsius/Möllers (Hrsg.), Das entgrenzte Gericht, 6. Aufl., 2016, S. 281 (297), der die Zuneigung als „...spezifische Form der Politikvergessenheit, der Sehnsucht nach konfliktfreien Formen politischen Entscheidens...“ umschreibt.

erworbene würdevolle Agieren des Gerichts, dass die Legitimität letzten Endes begründet.[48]

IV. Zusammenfassung

Wenn vorstehend ein Bild des Bundesverfassungsgerichts gezeichnet wurde, das in leuchtenden Farben die Bedeutung des Gerichts darstellt und vor allem seine Akzeptanz als eine der zentralen Funktionsbedingungen charakterisiert hat, so lassen sich aber auch beim Bundesverfassungsgericht leichte Akzentverschiebungen nachweisen, die weniger – aber auch – auf der Europäisierung und Internationalisierung des Rechts beruhen, als vielmehr das Ergebnis eines historischen Prozesses sind.[49] So ist das Maß an Stabilität und Prosperität, das die Bundesrepublik heute auszeichnet, auch ein Grund für einen Bedeutungsverlust der Verfassungsgerichtsbarkeit, weil ein gefestigter, freiheitlicher Verfassungsstaat in geringerem Umfang auf die schützende Hand des Bundesverfassungsgerichts angewiesen ist als man es auf dem anfangs steinigen Weg zur Demokratie noch war. Selbst wenn dies zum Ende etwas melancholisch stimmen mag, das Bundesverfassungsgericht hat – unbeschadet aller Herausforderungen in der Zukunft – eine wesentliche Funktionsbedingung: das Grundgesetz. Ohne die überragende Bedeutung, die das Grundgesetz im Nachkriegsdeutschland errungen hat, wäre auch die Erfolgsgeschichte des Bundesverfassungsgerichts nicht denkbar gewesen, denn ohne die Rechtsprechung des Bundesverfassungsgerichts wäre auch die Stärke und Wirkungsmächtigkeit der Verfassung nicht zu erklären.[50] Es ist also die Universalität des Verfassungsrechts, die eine entscheidende Funktionsbedingung von Verfassungsgerichtsbarkeit ist;[51] zugleich ist es das Gericht selbst gewesen, das diese umfassende Bedeutung des Verfassungsrechts erst

---

48 Vgl. zu diesen Erwägungen auch *C. Hillgruber/C. Goos*, Verfassungsprozessrecht, 4. Aufl., 2015, S. 20.

49 Dazu ausführlich *A. Farahat*, Das Bundesverfassungsgericht, in: v. Bogdandy/Grabenwarter/Huber (Hrsg.), IPE Bd. VI, 2016, § 97, Rdnr. 22 ff., 100 ff.; *C. Schönberger*, Anmerkungen zu Karlsruhe, in: Schönberger/Jestaedt/Lepsius/Möllers (Hrsg.), Das entgrenzte Gericht, 6. Aufl., 2016, S. 9 (57).

50 Dazu ausführlich *M. Jestaedt*, Phänomen Bundesverfassungsgericht. Was das Gericht zu dem macht, was es ist, in: Schönberger/Jestaedt/Lepsius/Möllers (Hrsg.), Das entgrenzte Gericht, 6. Aufl., 2016, S. 77 (84); ähnlich auch *O. Lepsius*, Entscheiden durch Maßstabbildung, in: v. Oyen/Möllers (Hrsg.), Handbuch Bundesverfassungsgericht im politischen System 2. Aufl., 2015, S. 119.

51 Vgl. nur *G. Roellecke*, Aufgaben und Stellung des Bundesverfassungsgerichts im Verfassungsgefüge, in: Isensee/Kirchhof (Hrsg.), HStR III, 3. Aufl., 2005, § 67, Rdnr. 45.

selbst – und damit seine eigene Legitimationsgrundlage – in nunmehr 143 Bänden der amtlichen Sammlung der Entscheidungen ausformuliert hat. Wenn das Grundgesetz als „leading model of democratic constitutionalism“[52] bezeichnet wird, dann dürfte es auch nicht verfehlt sein, das Bundesverfassungsgericht als „leading court“ zu titulieren.[53]

52 *D. P. Kommers*, in: ZaöRV 58 (1998), S. 787 (788).

53 So *A. Farahat*, Das Bundesverfassungsgericht, in: v. Bogdandy/Grabenwarter/Huber (Hrsg.), IPE Bd. VI, 2016, § 97, Rdnr. 1.

Teil 2:
„Rechtsstaatsprinzip vs. Demokratie“

Vorträge der Ringvorlesung des Instituts für Rechtspolitik an der Universität Trier

November 2018 bis Januar 2019

Spyridon Vlachopoulos

The constitutionality control in the Greek legal order – A European country which follows the American system! –*

I.

The constitutionality control in Greece[1] is perhaps an interesting subject for a German academic. Although Greece is a small country in the south of the European continent, it does not follow the European system of the constitutionality control. On the contrary, the Greek legal order follows the American system. There is a historical explanation for that and I am going to analyze later why Greece follows the American system.

But let us begin with the basics: First of all, in Greece there is no Constitutional Court. The "Bundesverfassungsgericht" does not exist in Greece. On the contrary, it is written in our Constitution that every court, even that of first instance, has the right and the duty to control the constitutionality of laws. Consequently, Greece follows the American system. Of course, the US Supreme Court plays a very significant role concerning the interpretation of the Constitution, but, literally speaking, it is not a Constitutional Court. The US Supreme Court is designed to decide over the major "hard" cases and not to control the constitutionality of the laws, as is the case with the Constitutional Courts in Europe.

---

* Schriftliche Fassung des Vortrags, den der Autor im Rahmen der Ringvorlesung „Rechtsstaatsprinzip vs. Demokratie" am 5. November 2018 an der Universität Trier gehalten hat.

1 For an introduction to the constitutionality control in Greece, see *Epaminondas Spiliotopoulos*, Judicial Review of Legislative Acts in Greece, Temp. L.Q. 56 (1983), pp. 463-502; *Wassilios Skouris*, Constitutional Disputes and Judicial Review in Greece, in: *Christine Landfried* (ed.), Constitutional Review and Legislation, Baden-Baden, Nomos Verlagsgesellschaft, 1989, pp. 177–200; *Prodromos Dagtoglou*, Die Verfassungsgerichtsbarkeit in Griechenland, in: Christian Starck, Albrecht Weber (Hrsg.), Verfassungsgerichtsbarkeit in Westeuropa, Teilband I: Berichte, Baden-Baden, Nomos Verlagsgesellschaft, 1986, pp. 363 et seq.; *Philippos C. Spyropoulos, Theodore Fortsakis*, Constitutional Law in Greece, Wolters Kluwer International-Ant. N. Sakkoulas, 2009, pp. 206–207.

II.

After these introductory remarks, let us now come to the basic characteristics of the Greek legal order and of the Greek system of constitutionality control. In Greece, there are three Highest Courts: The Areopag (*Ários págos* in ancient Greek), the highest court for criminal and civil cases (the equivalent to the Bundesgerichtshof), then, the Council of State as the highest court for administrative cases (the equivalent to the Bundesverwaltungsgericht) and last, the Court of Audit (the equivalent to the Bundesfinanzhof).

The Areopag is the oldest highest court founded in the 19th century, whereas the Council of State was founded in 1929. Already from the 1870's, the Areopag, under the obvious influence of the jurisprudence of the US Supreme Court (see the famous decision Marbury v. Madison), exercised the constitutionality control. Actually, Greece was one of the first European countries which controlled the constitutionality of the law provisions. At that time, in the majority of the European countries, there was no distinction between constitutional and under-constitutional law. In other words, in the 19th century, the European legal theory and jurisprudence were not familiar with the notion of the superiority of constitutional law and, at that time, there were no Constitutional Courts. That is why it is very important that the Areopag followed the constitutionality control and the American system.

Since the 1870's, the constitutionality control became a constitutional custom. Every court controlled the constitutionality of laws. The constitutionality control by every court as a constitutional custom lasted until 1927. In 1927, for the first time, the Greek Constitution explicitly established that the courts have the duty to control the constitutionality of laws. So, in 1927, the custom of constitutionality control became a written constitutional provision.

This is the historical dimension. The crucial question is why this system of constitutionality control still exists today in Greece and why there is no Constitutional Court, contrary to the majority of European countries. The explanation has to do with the Greek constitutional history. Greece suffered from a dictatorship from 1967 until 1974. For the first time in the Greek legal history a constitutional court was introduced in the so-called "Constitution" (there is no real constitution during a military dictatorship) of 1968. Today, many Greek lawyers still believe that we should not introduce a constitutional court in Greece because this is an influence of the dictatorship of the military junta between 1967 and 1974.

III.

The constitutionality control is guaranteed in two Articles of the Greek Constitution. The first one is Art. 93 § 4 and the second is Art. 87 § 2. According to these provisions, every court should control the constitutionality of the laws and safeguard the application of the Constitution. Concerning the basic characteristics and the fundamental features of the constitutionality control in Greece, the first question which arises is that of time: The constitutionality control in Greece is exercised *a posteriori*. In other words, in Greece there is no possibility for a Court to control the constitutionality before the law enters into force, with the exception of the *ex ante* control of the Presidential Acts by the Council of State and of the pension bills by the Court of Audit. Nevertheless, in the Greek legal theory it was proposed by several scholars to introduce through a constitutional revision the control of the constitutionality before the law enters into force. This *ex ante* control should be exercised by the Highest Special Court (Art. 100 of the Greek Constitution) or by a new Constitutional Court. Indeed, in certain areas of law (e.g. criminal law, tax law, electoral law) the security of law, which is very closely affiliated to the principle of the rule of law, is of such great importance, that the *ex ante* constitutionality control seems to be much more appropriate than a posteriori control. This explains why an introduction of a constitutionality review before a law enters into force has intensified discussions among Greek legal scholars in the last years.

IV.

According to the Greek Constitution, every court has the right and the duty to examine the constitutionality of the law in each concrete case pending before it. Nevertheless and from a practical point of view, the constitutionality review is driven, through the courts of first and second instance and after a considerable period of time, to one of the highest courts (Areopag, Council of State or Court of Audit).

Certainly, matters of constitutionality may arise in every field of law, but the vast majority of constitutional cases appear in the area of public law, that means while applying law provisions regulating the relations between the State and the citizens. Cases of constitutionality can also arise when constitutional provisions are applied in the frame of private relations, according to the "Drittwirkungstheorie" which was elaborated in Germany mainly in the field of labour law. But this is the exception. Most of the constitutionality matters are to be found in the field of public law. Keeping that in mind, it is not wrong when some constitutional lawyers call the Council of State a *de facto* constitutional court. Moreover, since 2010 (Law 3900/2010), it is possible to drive a case which is important for a large number of citizens directly from the administrative Court of First Instance to the Council of State (the so called "pilot" process), thus avoiding the elapse of long periods of time during the normal procedure in order to finally come to a decision by the Council of State after passing through the administrative courts of first and second instance.

But what happens if the same law provision is decided by two of the Highest Courts and these two disagree about the constitutionality of the law? Such conflicts must be removed by the legal order and that is why in Greece a special court, the "Highest Special Court", exists. According to Article 100 of the Greek Constitution, this court is composed by judges of all three Highest Courts and its decisions are binding for all other courts. Thereby, the Highest Special Court solves conflicts between the other Highest Courts concerning the constitutionality of the law.

V.

A further important issue which should be analyzed is the object of the constitutionality control. In Greece, the courts only examine the conformity of the content of the law. They exercise the so-called "substantial" constitutionality control, which in most cases refers to the violation of the fundamental rights. The Greek courts also examine the "external" typical features of the law (e.g. if the law was enacted by the parliament, signed by the President of the Greek Republic and published in the Official Journal). On the contrary and although not explicitly prohibited by the Constitution, they do not control the "formal" constitutionality of laws, "the internal" procedural aspects of the law-making (e.g. if the law should be enacted by the Plenary and not by a Section of the Parliament, if the Members of Parliament present were sufficient in order to achieve the necessary majority, if the bill contains provisions which are not relative to the main object of it etc.). According to the Greek jurisprudence, all these procedural aspects are part of the "interna corporis" of the Parliament and their judicial review would violate the principle of separation of powers (Art. 26 of the Greek Constitution). I belong to the academics who criticize this point of view, since there is no prohibition in the Greek Constitution to control the procedural aspects of the law-making. Moreover, the demand to safeguard the Constitution is not limited to the protection of fundamental rights. It refers to every constitutional provision, even the procedural provisions of the Constitution. The Constitution must be respected as a whole and not only its part which refers to fundamental rights.

VI.

Concerning the intensity of the constitutional control, the Greek jurisprudence accepts that the Parliament enjoys a margin of appreciation. That means that a law can be declared as unconstitutional only if its unconstitutionality is evident (although the notion of "evident" itself is not evident at all!). If the judge has doubts about the constitutionality of a law but, on the other hand, its unconstitutionality is not clear, he/she will not declare it as unconstitutional. This way of judicial approach is comparable with the so-called "verfassungskonforme Auslegung". However and although the margin of appreciation is accepted by all Greek courts, there are some cases where this attitude is not followed in practice. In certain areas of law the constitutionality control is very intensive, for example in the field of environmental law. Environmental law is a quite characteristic example. For many years and until the appearance of the recent economic crisis in 2010, the control of the constitutionality in favour of the environmental protection (Article 24 of the Greek Constitution) was quite intensive and the Council of State accepted the unconstitutionality of several law provisions. After the appearance of the economic crisis, when the Greek society realized the importance of economic development and the need to conciliate economic growth with environmental protection, the jurisprudence of the Council of State became more moderate.

VII.

The consequences of a law provision being found unconstitutional by a Greek court are not the same as in Germany. The court only refrains from applying the provision in the specific case pending before it, but does not remove it from the legal order, thus other courts may find the law constitutional and apply it. There are some cases, although rare, where courts of the first/second instance do not follow the jurisprudence of one of the three highest courts. Only if the Highest Special Court of Article 100 of the Constitution finds a law provision unconstitutional, the relevant provision is removed from the legal order. This is also the reason why the relevant decisions of the Highest Special Court are published in the Greek Official Journal, although it is actually intended to publish only laws, not court decisions.

VIII.

The aforesaid refers to judiciary constitutionality control in court. What about executive power? Do public servants have the right to review a law's constitutionality? According to the legal theory and also to some court decisions, the administrative authorities have the competence to control the constitutionality of laws. This competence is, however, limited to "extreme" cases. Such an extreme case is given when the unconstitutionality is beyond any doubt. An unlimited right of the public servant to control a law's constitutionality would cause a problem especially under the aspect of the security of law.

An exception is accepted for the five independent administrative authorities, which are granted by our Constitution. Those are the data protection authority, the "Medienrat", the "Ombudsman" and the authorities for the secrecy of the correspondence and the recruitment of the public servants. The members of these independent administrative authorities do not have the duty to follow the instructions given by the Ministers. In other words, they enjoy an independence which is comparable to that of judges. Because of this independency and their constitutional establishment, it is accepted that these independent administrative authorities enjoy similar rights as judges concerning constitutionality control.

IX.

To sum up: Does the Greek system have advantages? The answer to this question is definitely positive. The fact that every court is obliged to control the constitutionality of laws can be seen as a guarantee against constitutional violations. In a democratic society in which the rule of law is applied, the possibility for the political power to manipulate even one court is quite remote. But it is certainly impossible for a political power to manipulate all courts.

These advantages of the Greek system of constitutionality control require that the courts are fully independent. That is the case in Greece where the courts are independent and the personal and functional independence of the judges is protected by the Greek Constitution (Articles 87 et seq.). However, the nomination of the presidents and vice-presidents of the three highest courts can be considered as problematic. They are nominated by the President of the Republic, but actually selected by the government (Article 90 paragraph 5 of the Greek Constitution). Some argue that because they are nominated by the government, they will decide in the "hard cases" with political relevance in favour of the government by which they were selected. I am not sure if that problem really exists, but this impression is shared among several members of Greek society.

Does the Greek system have disadvantages? The answer to this question is definitely also positive. As I have already pointed out, it takes a very long time until a case is decided by one of the highest courts and at the end (in case of disagreement between them) by the Highest Special Court. This causes legal uncertainty and consequently damages to the rule of law.

Of course, the recent economic crisis was a very negative evolution also for the legal system, but it also gave "food for thought" to legal scholars and interesting cases to the courts to decide. One example is the constitutionality control of the austerity measures like the cut of the salaries of the public servants. For the "elite" of them, e.g. the judges, the policemen and army officers, the university professors and the doctors of the public hospitals, the courts decided that the measures were unconstitutional. On the contrary, the cut of the salaries was not found unconstitutional for all other public servants. The majority of the austerity measures were found constitutional. Perhaps, this has to do with the mentality of Greek judges who are not elected by a political body and do not have the political legitimation of the judges of a constitutional court. They do not enjoy the necessary political legitimation which a judge needs in order to decide cases of great political importance.

Let us come to the final conclusion. Of course, in every legal system you can find advantages and disadvantages. Should we change the system of constitutionality control in Greece? My answer is negative, at least if we take into account as criteria the so-called "legal civilization" and legal tradition of the country. According to my point of view, tradition constitutes a very important element of a country's identity. Greece has a very long tradition concerning the constitutionality control and the way the courts examine the constitutionality of the law provisions. Nevertheless and as mentioned above, there is a very important deficit concerning the procedural aspects of law making, which are not controlled by the judiciary concerning their conformity with the Constitution. All procedural aspects of law making, which are controlled by a constitutional court like the "Bundesverfassungsgericht", are not controlled in Greece. This is something we must change in order to safeguard the respect of the whole Constitution and not only part of it.

Annex: Greek Constitution 1975/1986/2001/2008

Article 87

1. Justice shall be administered by courts composed of regular judges who shall enjoy functional and personal independence.
2. In the discharge of their duties, judges shall be subject only to the Constitution and the laws; in no case whatsoever shall they be obliged to comply with provisions enacted in violation of the Constitution.

Article 93

4. The courts shall be bound not to apply a statute whose content is contrary to the Constitution.

Article 100

1. A Special Highest Court shall be established, the jurisdiction of which shall comprise: …

e) Settlement of controversies on whether the content of a statute enacted by Parliament is contrary to the Constitution, or on the interpretation of provisions of such statute when conflicting judgments have been pronounced by the Supreme Administrative Court, the Supreme Civil and Criminal Court or the Court of Audit.

2. The Court specified in paragraph 1 shall be composed of the President of the Supreme Administrative Court, the President of the Supreme Civil and Criminal Court and the President of the Court of Audit, four Councillors of the Supreme Administrative Court and four members of the Supreme Civil and Criminal Court chosen by lot for a two-year term. The Court shall be presided over by the President of the Supreme Administrative Court or the President of the Supreme Civil and Criminal Court, according to seniority. In the cases specified under sections (d) and (e) of the preceding paragraph, the composition of the Court shall be expanded to include two law professors of the law schools of the country's universities, chosen by lot.

Jan Wintr

Das Verfassungsgericht im tschechischen Verfassungssystem*

I. Einführung

Tschechien hat nach deutschem Vorbild ein sehr starkes Verfassungsgericht. Das Gericht besitzt die Kompetenz, nicht nur verfassungswidrige Gesetze aufzuheben, sondern auch alle Entscheidungen anderer Gerichte, wenn eine Verletzung der Grundrechte vorliegt. Das ist typisch auch für andere Verfassungsgerichte posttotalitärer oder postautoritärer Staaten. Von Anfang an praktizierte das Verfassungsgericht eine stark werteorientierte Rechtsprechung im Sinne des Konzepts der wehrhaften Demokratie. Als Beispiel könnte bereits das erste Urteil vom 21. Dezember 1993 (Pl. ÚS 19/93, Nr. 14/1994 Sb.[1]) dienen, nach dem die tschechische Verfassung nicht wertneutral ist, sondern konstitutive Werte einer demokratischen Gesellschaft ausdrückt. Das Verfassungsgericht genießt hohes Vertrauen in der Öffentlichkeit, höher als andere Verfassungsorgane, obwohl manche seiner Entscheidungen ziemlich kontrovers waren.

II. Die Verfassung

Die Tschechische Republik entstand am 1. Januar 1993 aufgrund des tschechoslowakischen Verfassungsgesetzes Nr. 542/1992 Sb.[2], über die Beendigung der Tschechischen und Slowakischen Föderativen Republik. Die heutige tschechische Verfassung wurde am 16. Dezember 1992 vom Tschechischen Nationalrat (also das Landesparlament, das dann nach der Verfassung das Abgeordnetenhaus wurde) erlassen (Verfassungsgesetz Nr. 1/1993 Sb.). Zur Verfassungsordnung Tschechiens gehören noch die Grundrechtscharta vom 9. Januar 1991

* Schriftliche Fassung des Vortrags, den der Autor im Rahmen der Ringvorlesung „Rechtsstaatsprinzip vs. Demokratie" am 19. November 2018 an der Universität Trier gehalten hat.

1 Die Verfassungsgerichtsentscheidungen über die Normenkontrolle sind auch in der Gesetzessammlung (Sb.) veröffentlicht. Alle Verfassungsgerichtsentscheidungen beinhaltet Datenbank NALUS (nalus.usoud.cz), die wichtigsten Entscheidungen siehe in Englisch auf der Internetseite des Verfassungsgerichts – http://www.usoud.cz/view/ 726.

2 Sb. = Sbírka zákonů = Gesetzessammlung.

(jetzt Nr. 2/1993 Sb.) und einige selbstständige Verfassungsgesetze. Die Verfassung und die Verfassungsgesetze können mit der Zustimmung der 3/5-Mehrheit der Abgeordneten und der 3/5-Mehrheit der Senatoren geändert werden. Die tschechische Verfassung hat, wie das deutsche Grundgesetz, eine Ewigkeitsklausel. Art. 9 Abs. 2[3] lautet: „Eine Änderung der wesentlichen Erfordernisse eines demokratischen Rechtsstaates ist unzulässig."

Es ist jedoch strittig, was der unveränderliche Kern der Verfassung beinhaltet, und es war auch strittig, ob das Verfassungsgericht auch ein Verfassungsgesetz aufheben darf, bis es im Urteil vom 10. September 2009 (Pl. ÚS 27/09, Nr. 318/2009 Sb.; siehe unten, S. 18) geschah.[4]

III. Zusammensetzung des Verfassungsgerichts

Die fünfzehn Richter des Verfassungsgerichts werden vom Präsidenten der Republik mit Zustimmung des Senats auf zehn Jahre ernannt. Die Verfassungsrichter müssen mindestens vierzig Jahre alt sein und über eine juristische Ausbildung und eine zehnjährige Praxis verfügen (Art. 84 der Verfassung); Wiederernennung ist möglich und kommt in der Praxis vor. Dies ist mitunter mit dem Argument kritisiert worden, dass die Richter, die zum Ende ihrer Amtszeit die Wiederernennung anstreben, weniger unabhängig von politischen Einflüssen sein könnten.[5] Ein größeres Problem kam jedoch in den Jahren 2003–2005 und 2012–2013 auf, als der Präsident der Republik *Václav Klaus*, unzufrieden mit der Ablehnung mancher seiner Kandidaten im Senat, keine weiteren Kandidaten vorgeschlagen hat. In einem Fall im Jahre 2004 wurde hierdurch die Plenararbeit des Verfassungsgerichts für drei Monate lahmgelegt (Beschluss des Verfassungsgerichts Pl. ÚS 17/02 #1 vom 23. März 2004).[6] Eine solche Blockade ist die größte Gefahr dieses Systems der Ernennung; die „polnische" Gefahr einer einseitigen

---

3 Bestimmungen ohne nähere Angaben sind immer Bestimmungen der tschechischen Verfassung: das Verfassungsgesetz Nr. 1/1993 Sb., die Verfassung der Tschechischen Republik.

4 Zum verfassungsrechtlichen Kontext vgl. *J. Kysela, J. Wintr*: Tschechische Republik, in: A. Benz/S. Bröchler/H.-J. Lauth (Hg.): Handbuch der Europäischen Verfassungsgeschichte im 20. Jahrhundert. Institutionen und Rechtspraxis im gesellschaftlichen Wandel. Band 5: seit 1989, Dietz, Bonn 2019 (in Druck).

5 Z. B. *V. Sládeček*: in: V. Sládeček/V. Mikule/R. Suchánek/J. Syllová: Ústava ČR. Komentář, 2. vydání, Praha 2016, S. 923.

6 *T. Langášek*: in: P. Rychetský/T. Langášek/T. Herc/P. Mlsna a kol.: Ústava České republiky. Ústavní zákon o bezpečnosti České republiky. Komentář, Praha 2015, S. 827.

Besetzung des Verfassungsgerichts[7] besteht in Tschechien dagegen nicht, denn der Senat und der Präsident der Republik müssen sich einigen. Hinzu kommt, dass der Senat die stabilere der beiden Kammern des Parlaments ist, weil alle zwei Jahre ein Drittel der Senatoren gewählt wird.

IV. Die rechtlichen Grundlagen

Die Verfassung (Nr. 1/1993 Sb.) charakterisiert das Verfassungsgericht als „das gerichtliche Organ zum Schutze der Verfassungsmäßigkeit" (Art. 83), regelt die Ernennung (Art. 84), den Eid (Art. 85) und die Immunität (Art. 86) der Richter; eine Strafverfolgung der Richter ist ohne Zustimmung des Senats ausgeschlossen (Art. 86 Abs. 1). Art. 87 beinhaltet Kompetenzen des Verfassungsgerichts. Nach Art. 89 sind rechtskräftige Entscheidungen des Verfassungsgerichts für alle Organe und Personen bindend. Nach Art. 88 Abs. 2 sind die Verfassungsrichter ausschließlich durch die Verfassungsgesetze und das Gesetz über das Verfassungsgericht (einfaches Gesetz) gebunden. Es ist jedoch fraglich, ob das Verfassungsgericht die Verfassungsmäßigkeit dieses Gesetzes prüfen darf. Nach der Rechtsprechung des Verfassungsgerichts ist es hierzu nicht befugt (Beschluss Pl. ÚS 23/13); zu dieser Entscheidung hat jedoch *Jan Filip* ein starkes Sondervotum formuliert, dem ich zustimme: Das Verfassungsgerichtsgesetz ist nämlich kein Verfassungsgesetz, muss daher die verfassungsrechtlichen Grenzen beachten. Könnte die Einhaltung dieser Grenzen nicht überprüft werden, handelte es sich gleichsam um eine *lex imperfecta*. Art. 88 Abs. 2 lässt sich hingegen als Gesetzesvorbehalt interpretieren, also als Verbot, die Arbeitsweise des Verfassungsgerichts durch untergesetzliche Vorschriften zu regulieren.

Die Änderungen der rechtlichen Grundlagen des Verfassungsgerichts durch einfaches Gesetz (dazu reicht in Tschechien die absolute Mehrheit aller Abgeordneten aus) ist die größte Gefahr für das Funktionieren und die Unabhängigkeit des Verfassungsgerichts, wie das polnische Beispiel sehr plastisch zeigt. Das Gesetz (Nr. 182/1993 Sb.) regelt insbesondere die formellen Voraussetzungen und die Entscheidungsfolgen jedes Verfahrenstyps und die Änderung des Gesetzes könnte z. B. das Initiativrecht bei der abstrakten Normenkontrolle (heute Präsident der Republik, 41 Abgeordnete oder 17 Senatoren) erheblich erschweren.

---

7 Dazu *P. Czarny*: Der Streit um den Verfassungsgerichtshof in Polen 2015–2016, Osteuropa Recht, 1/2018, S. 5–20.

V. Einzelne Verfahrenstypen

Die zwei wichtigsten Kompetenzen des Verfassungsgerichts sind:

1. die Aufhebung der Gesetze oder einzelner Bestimmungen wegen Widerspruchs zu der Verfassungsordnung und
2. die Entscheidung über Verfassungsbeschwerden wegen Eingriffs der Organe der öffentlichen Gewalt in die in der Verfassung gewährleisteten Grundrechte und -freiheiten (Art. 87).

1. Kontrolle der Verfassungsmäßigkeit von normativen Akten

Das Verfahren über die Kontrolle der Verfassungsmäßigkeit von normativen Akten kann in abstrakter oder konkreter (bei Vorliegen eines konkreten Falls) Form erfolgen. Der Präsident der Republik, 41 Abgeordnete oder 17 Senatoren können jederzeit die Aufhebung eines Gesetzes wegen Verfassungswidrigkeit (abstrakte Kontrolle der Verfassungsmäßigkeit) beantragen. Das Verfahren über die Aufhebung eines Gesetzes kann auch durch einen konkreten Fall eingeleitet werden, wenn sich ein ordentliches Gericht an das Verfassungsgericht wendet (Art. 95 Abs. 2), wenn dies eine natürliche oder juristische Person beantragt, welche die Verfassungsbeschwerde (siehe unten) erhoben hat. Außer dieser nachgelagerten Kontrolle der Verfassungsmäßigkeit der Gesetze und der Rechtmäßigkeit der untergeordneten Vorschriften führt das Verfassungsgericht auf Antrag die vorläufige Kontrolle der Verfassungsmäßigkeit der völkerrechtlichen Verträge durch (Art. 87 Abs. 2).

2. Die Verfassungsbeschwerde

Die größte Bedeutung für die gesamte Rechtsordnung hat die Verfassungsbeschwerde. Jede natürliche oder juristische Person kann eine Beschwerde erheben mit der Behauptung, durch eine rechtskräftige Entscheidung oder durch einen anderen Eingriff der Organe der öffentlichen Gewalt in einem ihr in der Verfassung gewährleisteten Grundrecht verletzt worden zu sein. Vor Erhebung der Verfassungsbeschwerde müssen alle anderen Möglichkeiten des Rechtsschutzes ausgeschöpft worden sein. Zudem muss eine Frist von zwei Monaten ab Zustellung der letztinstanzlichen Entscheidung eingehalten werden. Wenn das Verfassungsgericht der Verfassungsbeschwerde stattgibt, hebt es die angefochtene Entscheidung des Organs der öffentlichen Gewalt auf bzw. untersagt dem Organ der öffentlichen Gewalt, die Verletzung des Grundrechts fortzusetzen und gibt ihm auf, den ursprünglichen Zustand möglichst wiederherzustellen.

Eine Verfassungsbeschwerde können auch

a) eine Gemeinde gegen einen rechtswidrigen Eingriff des Staates in ein durch die Verfassung gewährleistetes Selbstverwaltungsrecht und
b) eine politische Partei gegen ihre rechtswidrige Auflösung oder eine andere rechtswidrige Entscheidung ihrer Tätigkeit betreffend einreichen. In beiden Fällen genügt für den Erfolg der Verfassungsbeschwerde die einfache Gesetzeswidrigkeit (nicht festgestellt werden muss die Verfassungsmäßigkeit) des staatlichen Eingriffs.

3. Weitere Kompetenzen

Das Verfassungsgericht entscheidet ferner in den Angelegenheiten des Abgeordneten- oder Senatorenmandats und des Präsidentenamtes und löst Kompetenzstreitigkeiten zwischen den staatlichen Organen oder zwischen dem Staat und der kommunalen Selbstverwaltung.

Der Präsident der Republik kann wegen Hochverrats oder grober Verletzung der Verfassungsordnung vor dem Verfassungsgericht mit einer Mehrheit von drei Fünfteln der anwesenden Senatoren angeklagt werden, wenn binnen drei Monaten drei Fünftel aller Abgeordneten zustimmen (Art. 65). Im Falle des nachgewiesenen Hochverrates (d. h. eine Handlung des Präsidenten der Republik gegen die Hoheit und Unteilbarkeit der Republik sowie gegen ihre demokratische Ordnung) oder der groben Verletzung der Verfassung oder eines anderen Verfassungsgesetzes verliert der Präsident sein Präsidentenamt und die Möglichkeit, dieses wieder zu erwerben.

VI. Die wichtigsten Urteile des Verfassungsgerichts

Das Verfassungsgericht hat in den bisher 25 Jahren seiner Existenz 150 Urteile erlassen, in denen ein Gesetz ganz oder zum Teil aus Gründen der Verfassungswidrigkeit aufgehoben wurde.[8] Auch viele weitere Urteile, in denen der Antrag zurückgewiesen oder über einen internationalen Vertrag oder eine Verfassungsbeschwerde entschieden wurde, sind von Bedeutung. Ich werde mich auf die politisch bedeutendsten Urteile konzentrieren, und zwar in der chronologischen Reihenfolge.

8 Nachweis zur Anzahl der Urteile in der Datenbank NALUS (nalus.usoud.cz), zuletzt abgerufen am 8. November 2018.

1. Urteil Pl. ÚS 13/99, Nr. 233/1999 Sb. (Richterlöhne)

Während der Wirtschaftskrise hat das Parlament alle Löhne der Staatsbeamten gekürzt, darunter auch Richterlöhne. Das Verfassungsgericht sah darin jedoch eine Gefahr für die richterliche Unabhängigkeit und stützte sich auf den Grundsatz der amerikanischen Verfassung, dass die Richterlöhne während der Amtsdauer des Richters nicht gesenkt werden dürfen. Dieser Streit zwischen dem Parlament und den Gerichten dauert in verschiedenen Variationen bis heute an.

2. Urteil Pl. ÚS 42/2000, Nr. 64/2001 Sb. (zum Wahlsystem für das Abgeordnetenhaus)

Die Vorsitzenden der größten Parteien, *Miloš Zeman* (Soz. Dem.) und *Václav Klaus* (Bürg. Dem.) hatten sich auf eine Wahlreform zu Lasten der kleineren Parteien geeinigt. Auf Antrag des Präsidenten der Republik *Václav Havel* hat das Verfassungsgericht diese Reform aufgehoben. Das System mit kleinen Wahlkreisen (5 oder 6 Mandate) und mit einer verschärften D´Hondt-Formel entspreche nicht dem Grundsatz der Verhältniswahl in Art. 18 der Verfassung.

3. Urteil Pl. ÚS 16/99, Nr. 276/2001 Sb. (zur Verwaltungsgerichtsbarkeit)

Nach langjähriger Untätigkeit des Parlaments, das keine Reform der Verwaltungsgerichtsbarkeit durchführte und kein in der Verfassung vorgesehenes Oberstes Verwaltungsgericht gründete, hat das Verfassungsgericht den ganzen entsprechenden Teil der Zivilprozessordnung zum Ende des Jahres 2002 aufgehoben. Das Parlament machte dann endlich die Reform.

4. Urteil Pl. ÚS 7/02, Nr. 349/2002 Sb. (zur richterlichen Unabhängigkeit)

Die Minderheitsregierung von *Miloš Zeman* hat eine Justizreform durchgeführt, in der Prüfungen der Richter und Pflichtunterricht in einer Justizakademie vorgesehen war. Das Verfassungsgericht hat weite Teile des Gesetzes aufgehoben.

Alle vier der oben genannten Urteile und auch weitere Entscheidungen fielen in die Ära des sog. Oppositionsvertrages, also eines Paktes zwischen den zwei größten Parteien, als eine Beschränkung des politischen Pluralismus befürchtet wurde. Die Opposition und der Präsident der Republik *Václav Havel* wandten sich häufiger erfolgreich an das Verfassungsgericht.

5. Urteil Pl. ÚS 20/05, Nr. 252/2006 Sb. (Mietenregulierung und Untätigkeit des Gesetzgebers)

Seit 2000 hat das Verfassungsgericht mehrmals die Mietenregulierung wegen zu niedriger Mieten für verfassungswidrig erklärt. Erst dieses Urteil, das verbunden war mit der Drohung, dass die ordentlichen Gerichte ermächtigt werden könnten, die Mieten zu erhöhen, sowie das EGMR-Urteil „Hutten-Czapska gegen Polen“[9] haben das Parlament dazu bewegt, eine verfassungskonforme Mietenregulierung durchzuführen.

6. Urteil Pl. ÚS 18/06, Nr. 397/2006 Sb. (zur Entlassung der Gerichtspräsidentin)

Das Verfassungsgericht hat die Kompetenz des Präsidenten der Republik, die Präsidentin des Obersten Gerichts zu entlassen, aufgehoben und dann auch die Entlassung für nichtig erklärt. Nach längerem Streit hat das Parlament eine zehnjährige Amtsperiode des Präsidenten des Obersten Gerichts eingeführt, was das Verfassungsgericht im Jahre 2010 (Urteil Pl. ÚS 39/08, Nr. 294/2010 Sb.) akzeptierte.

7. Urteil Pl. ÚS 19/08, Nr. 446/2008 Sb. (Lissabon I) + Urteil Pl. ÚS 29/09, Nr. 387/2009 Sb. (Lissabon II)[10]

Mehrere Senatoren und der Präsident der Republik *Václav Klaus* beantragten die Verfassungskontrolle des Vertrags von Lissabon. Die Position des Verfassungsgerichts war – ähnlich der des deutschen Bundesverfassungsgerichts –, dass der Vertrag grundsätzlich verfassungsgemäß sei, jedoch mit Vorbehalten und unter der Voraussetzung der Stärkung der parlamentarischen Mitwirkungsrechte. Das Verfassungsgericht bekräftigte die Verfassungsmäßigkeit des Lissabon-Vertrages, betonte aber, dass Akte der EU, die unantastbare Prinzipien des demokratischen Rechtsstaates bedrohen würden, in Tschechien nicht verbindlich seien. Darüber hinaus sei das tschechische Verfassungsgericht vorbereitet, als *ultima ratio* auch die europäischen Rechtsakte hinsichtlich der Kompetenzen zu überprüfen

---

9 Europäischer Gerichtshof für Menschenrechte, Große Kammer, Hutten-Czapska gegen Polen, Urteil vom 19.6.2006, Bsw. 35014/97.

10 Dazu *J. Wintr*: Das tschechische Rechtssystem. Zu den aktuellen Fragen des unveränderlichen Kerns der tschechischen Verfassung, in: W. Hromadka/M. Wilding/M. Damohorský/D. Kohout (eds.): 3. Deutsch-Tschechisches Rechtsfestival 28.09. – 03.10.2009 in Prag und Passau, Praha: Univerzita Karlova v Praze, Právnická fakulta, 2010, S. 26–34.

(Urteil Pl. ÚS 19/08, Rn. 216). Ausdrücklich wird in diesem Zusammenhang das Maastricht-Urteil des deutschen Bundesverfassungsgerichts (BVerfGE 89, 155) erwähnt.[11]

Unmittelbar nach dem zweiten Urteil hat *Václav Klaus* den Vertrag ratifiziert.

8. Urteil Pl. ÚS 27/09, Nr. 318/2009 Sb. (zum Verfassungsgesetz über die Kürzung der Wahlperiode des Abgeordnetenhauses)[12]

Das Verfassungsgericht hat das Verfassungsgesetz Nr. 195/2009 Sb. über die Verkürzung der fünften Wahlperiode des Abgeordnetenhauses kurz vor den vorgezogenen Neuwahlen aufgehoben. Das Gesetz sei laut der Urteilsbegründung wegen seines unzulässigen individuellen und rückwirkenden Charakters verfassungswidrig, da es eine unzulässige Änderung der wesentlichen Erfordernisse eines demokratischen Rechtsstaates zur Folge habe.

Die Abgeordneten waren mit diesem Urteil unzufrieden. Nur vereinzelt gab es jedoch Stimmen, die zu einer Nichtbefolgung des Urteils aufriefen.[13] Das war auch die einzige Situation, in der überhaupt in der tschechischen Politik diskutiert wurde, irgendeine Entscheidung des Verfassungsgerichts nicht zu respektieren.

Das Parlament reagierte jedoch mit einem neuen (bereits allgemeinen) Verfassungsgesetz Nr. 319/2009 Sb., das die Verfassung ausdrücklich ergänzte. Nach dem neuen Art. 35 Abs. 2 der Verfassung löst der Präsident der Republik das Abgeordnetenhaus auf, falls dies von einer Dreifünftelmehrheit der Abgeordneten vorgeschlagen wird. Erstmals angewendet wurde diese neue Regelung

---

11 Am 31. Januar 2012 wurde jedoch das bekannte Ultra-Vires-Urteil des tschechischen Verfassungsgerichts verkündet (Pl. ÚS 5/12). Das Verfassungsgericht reagierte im Streit um die sog. slowakischen Renten auf das Urteil des EuGH vom 22.6.2011, C-399/09 (Landtová); der EuGH habe nicht genug Rücksicht auf die spezifischen historischen Umstände der tschechoslowakischen Entwicklung genommen. Ansonsten hält sich die Position des Verfassungsgerichts gegenüber dem Europarecht im Rahmen seiner vorigen Entscheidungen, die den Solange II- (BVerfGE 73, 339) und Maastricht-Urteilen (BVerfGE 89, 155) des BVerfG ähnelten.

12 *P. Kandalec*: Das Erkenntnis des tschechischen Verfassungsgerichtes (Ústavní soud České republiky) vom 10.9.2009, A Z Pl ÚS 27/09 („Fall Melčák"), in Zeitschrift für öffentliches Recht 65(3), S. 457–465.

13 Vgl. die Rede des Abgeordneten *Zdeněk Jičínský*: „Sie haben sich entschieden, im Unterschied zu mir, dass das Urteil des Verfassungsgerichts respektiert werden soll. Ich sagte, ich würde es nicht respektieren." Stenographischer Bericht, Abgeordnetenhaus, 11.9.2009, http://www.psp.cz/eknih/2006ps/stenprot/060schuz/s060117.htm#r4.

im August 2013; die vorgezogenen Neuwahlen fanden am 25. und 26. Oktober 2013 statt.

9. Urteil Pl. ÚS 9/07, Nr. 242/2010 Sb. (Restitution des Kirchenvermögens und Untätigkeit des Gesetzgebers)[14]

In Tschechien kam es Anfang der neunziger Jahre zur Teilrestitution des Kirchenvermögens, das in der kommunistischen Ära nach 1948 enteignet worden war. Die Kirchen profitierten von dieser Restitution nur in geringem Maß. Im sogenannten Blockationsparagraphen – § 29 des Gesetzes Nr. 229/1991 Sb., über die Ausgestaltung der Eigentumsverhältnisse am Boden und an anderem Landwirtschaftsvermögen – hieß es jedoch: *„Das Vermögen, dessen ursprünglicher Eigentümer Kirchen, religiöse Gemeinschaften, Orden und Kongregationen waren, darf bis zum Erlass der Gesetze über dieses Vermögen nicht in das Eigentum anderer Personen übertragen werden."*

Trotz einiger Entwürfe wurde jedoch in den nächsten zwanzig Jahren keine weitere Restitution des kirchlichen Vermögens verwirklicht. Das Verfassungsgericht hat sich in diesem kontrovers diskutierten Urteil (zum Antrag einer Gruppe der Senatoren auf Aufhebung des § 29) auf die Rechtsprechung des EGMR berufen. Im Blockationsparagraphen fand das Verfassungsgericht eine legitime Erwartung der Kirchen nach Art. 1 des Protokolls Nr. 1 zur EMRK, dass es zu einer irgendwie gearteten Restitution des kirchlichen Vermögens kommen würde. Die fast zwanzigjährige Untätigkeit des Parlaments hielt es für verfassungswidrig und fügte hinzu, falls das Parlament nicht zu einer verfassungsmäßigen Lösung käme, werde das Verfassungsgericht individuelle Forderungen der Kirchen schützen. Das hätte zur Folge gehabt, dass das Verfassungsgericht den Feststellungsklagen der Kirchen stattgegeben hätte, was es bis dahin mit Verweis auf die Regelungskompetenz des demokratischen Gesetzgebers in Restitutionsfragen abgelehnt hatte. Nach schwierigen Verhandlungen mit den Kirchen und religiösen Gemeinschaften und innerhalb der fragilen Regierungskoalition wurde am 9. November 2012 gegen den Willen des Senats das Gesetz Nr. 428/2012 Sb. über den Vermögensaugleich mit den Kirchen und religiösen Gemeinschaften im Abgeordnetenhaus durchgesetzt. Das Gesetz wurde unter

14 Dazu S. *Přibyl*: Vermögensausgleich mit den Kirchen und Religionsgesellschaften, in: P. Szymaniec (ed.): Wymiary wolności religijnej we współczesnej Europie. Dimensions of Religious Freedom in Contemporary Europe, Wydawnictwo Uczelniane Państwowej Wyższej Szkoły Zawodowej im. Angelusa Silesiusa, Wałbrzych 2017, S. 423–441.

anderem wegen der unverhältnismäßig hohen Einschätzung des ursprünglichen kirchlichen Vermögens kritisiert. Die Opposition griff das Gesetz vor dem Verfassungsgericht an. Das Verfassungsgericht hielt das Gesetz im Urteil Pl. ÚS 10/13 vom 29. Mai 2013 jedoch für überwiegend verfassungsmäßig.

10. Urteil Pl. ÚS 55/10, Nr. 80/2011 Sb. (Missbrauch des legislativen Notstands)

Die Regierung setzte vier Gesetze in einem Eilverfahren durch, das für dringende Fälle drohender Sicherheits- oder Wirtschaftsschäden vorgesehen ist. Das Verfassungsgericht sah die Voraussetzungen als nicht erfüllt an und hob die Gesetze wegen Verletzung der Oppositionsrechte auf. Dieses Urteil ist Teil einer langen Reihe von Urteilen zum parlamentarischen Gesetzgebungsverfahren. Bereits im Jahre 2008 (Urteil Pl. ÚS 77/06) hat das Verfassungsgericht die *wild riders*, also die Änderungsanträge ohne inhaltlichen Bezug zur Gesetzesvorlage, verboten.[15] Erst kürzlich hat das Verfassungsgericht im Urteil Pl. ÚS 26/16 (Nr. 8/2018 Sb. zum Gesetz über die elektronische Erfassung von Einnahmen und dem Schluss der Debatte) einen offensichtlich geschäftsordnungswidrigen Schluss der Debatte toleriert, weil es eine Reaktion der Regierungsmehrheit auf eine monatelange Obstruktion der Opposition war.

11. Urteil Pl. ÚS 36/11, Nr. 238/2013 Sb. (zum Überstandard in der Gesundheitspflege)

Seit 2008 rangen die Parteien im Parlament um die Gesundheitsreform. Art. 31 Satz 2 der Grundrechtscharta verkompliziert nämlich jede Einführung der direkten Zahlungen der Patienten: *„Die Bürger haben aufgrund der öffentlichen Versicherung das Recht auf eine kostenlose Gesundheitspflege unter gesetzlichen Bedingungen.“* Im Urteil Pl. ÚS 36/11 hob das Verfassungsgericht jedoch die gesetzliche Konstruktion vom kostenlosen Standard und bezahlten Überstandard auf. Es hielt die Definitionen im Gesetz für zu abstrakt und den Raum für untergesetzliche Normsetzung für zu weit und mit dem Gesetzesvorbehalt im Grundrechtsbereich für nicht vereinbar. Damit scheiterte die wichtigste Reform der Rechts-Mitte-Regierung von Ministerpräsident *Petr Nečas*. In mehreren

---

15 Dazu *J. Kysela*: The Influence of the Constitutional Court on the Rules of Legislative Process in the Czech Republic, in: L. Pítrová (ed.) et al.: Rule of Law and Mechanisms of its Protection. Czech Perspective. Waldkirchen: rw&w Science & New Media Passau - Berlin - Prague, 2015, S. 46–60.

weiteren Urteilen definiert das Verfassungsgericht den Raum für untergesetzliche Normsetzung im internationalen Vergleich sehr eng, z. B. im oben erwähnten Urteil Pl. ÚS 26/16 (Nr. 8/2018 Sb. zum Gesetz über die elektronische Erfassung von Einnahmen und dem Schluss der Debatte), in dem aus diesem Grund Teile des Systems auch aufgehoben wurden.

12. Urteil Pl. ÚS 14/14, Nr. 176/2015 Sb. (5 %-Hürde bei den Europawahlen)[16]

Bei der Europawahl 2014 scheiterten die Piraten mit 4,8 % und die Grünen mit 3,8 % an der 5 %-Hürde. Das Verfassungsgericht hielt jedoch die 5 %-Hürde für verfassungskonform, denn auch das Europäische Parlament brauche eine gewisse Konzentration der politischen Kräfte für seine Arbeitsfähigkeit. Das Verfassungsgericht entschied diesmal anders als das deutsche Bundesverfassungsgericht; manche Richter hielten jedoch ihre abweichende Ansicht (wie in vielen oben genannten Fällen auch) in Sondervoten fest.

VII. Fazit

Das tschechische Verfassungsgericht verfügt über starke Kompetenzen, was für posttotalitäre Regime typisch ist. Es prüft ziemlich aktiv sowohl die Verfassungsmäßigkeit des Gesetzgebungs-, Verwaltungs- und Gerichtsverfahrens als auch die inhaltlichen Schranken, niedergelegt in der Verfassung und der Grundrechtscharta. Einmal hat das Verfassungsgericht die parlamentarischen Wahlen verhindert und mehrmals wichtige Gesetze der Regierungsmehrheit aufgehoben. Das Verfassungsgericht genießt jedoch großes Vertrauen in der Öffentlichkeit und die Politiker respektieren seine Entscheidungen. Das Verfassungsgericht hat sich um den Schutz des politischen Pluralismus und der Entwicklung der Verwaltungsgerichtsbarkeit verdient gemacht; es setzt sich stark für die richterliche Unabhängigkeit und für den Schutz der Grundrechte ein, insbesondere in den Senatsentscheidungen über die Verfassungsbeschwerden. Die Ernennung der Richter durch Konsens des Präsidenten der Republik und des Senats mindert die Gefahr der Dominanz einer Partei im Verfassungsgericht. Auch die Zahl der Richter und die Kompetenzen des Gerichts sind in der Verfassung verankert und die Änderung der Verfassung durch

16 *H. Smekal/L. Vyhnánek*: Equal voting power under scrutiny: Czech Constitutional Court on the 5 % threshold in the 2014 European Parliament Elections. *European Constitutional Law Review*, Cambridge: Cambridge University Press, 1/2016, S. 148–163.

Dreifünftelmehrheit in beiden unterschiedlich zusammengesetzten Kammern des Parlaments ist schwierig. Die absolute Mehrheit im Abgeordnetenhaus könnte jedoch durch Änderungen des Verfassungsgerichtsgesetzes die Arbeit des Verfassungsgerichts erschweren. Solche Gesetzesentwürfe gab es jedoch bislang noch nicht.

Xabier Arzoz*

Functioning and Independence of the Constitutional Court of Spain: Guarantees and Challenges**

I. Introduction

The Spanish Constitutional Court was created by the Constitution of 1978, which definitively replaced the dictatorial rule of General *Franco*. Said Constitution defines Spain as 'a social and democratic State under the rule of law'. As regards the form of state, Spain constitutes a 'quasi-federal parliamentary monarchy'.[1]

Since its creation and for almost forty years, the Constitutional Court has contributed to the consolidation of democracy, rule of law, and fundamental rights and above all, to the definition and implementation of the so-called 'state of autonomies', which is to say, to the extent and limits of devolution.[2]

This paper aims to critically assess the functioning and independence of the Constitutional Court of Spain, a topic more relevant than ever, not only due to the alarming developments in some Central European states, but also to the fact that the independence of constitutional jurisdictions everywhere is intrinsically conditioned on their proximity to political organs, as regards selection and

---

* I would like to thank colleagues Ignacio Borrajo Iniesta and Miguel Azpitarte Sánchez for their comments on this paper. The usual disclaimer applies.

** Schriftliche Fassung des Vortrags, den der Autor im Rahmen der Ringvorlesung „Rechtsstaatsprinzip vs. Demokratie" am 17. Dezember 2018 an der Universität Trier gehalten hat.

1 *Victor Ferreres Comella*, The Constitution of Spain – A Contextual Analysis (Oxford: Hart 2013), p. 48.

2 For an introduction, see *Pedro José González-Trevijano Sánchez*, El Tribunal Constitucional (Cizur Menor: Aranzadi 2000); *Jorge Lozano Miralles* and *Albino Saccomanno*, El Tribunal Constitucional (Valencia: Tirant lo Blanch 2000); *Sabela Oubiña Barbolla*, El Tribunal Constitucional – Pasado, presente y futuro (Valencia: Tirant lo Blanch 2012); *Juan Luis Requejo Pagés*, 'Das spanische Verfassungsgericht', in A. von Bogdandy, C. Grabenwarter and P. M. Huber (eds.), Handbuch Ius Publicum Europaeum – Band VI Verfassungsgerichtsbarkeit in Europa: Institutionen (Heidelberg: CF Müller 2016), pp. 639–703; *Xabier Arzoz*, 'Constitutional Court of Spain', in R. Grote, F. Lachenmann and R. Wolfrum (eds.), Max Planck Encyclopedia of Comparative Constitutional Law (Oxford: Oxford University Press 2018), which can be downloaded at www.mpeccol.com.

activity. The independence of a constitutional court depends on many factors. From a constitutional perspective, an obvious choice is to focus on the status of constitutional judges and their appointment mechanism. Therefore, this paper will forgo exploring other critical issues, such as standing, extension of constitutional review and other organisational questions (law clerks, deciding rules, dissenting opinions, etc.). Nevertheless, the design of Spanish constitutional judicial review strongly resembles that of Germany.

This paper is divided into two parts. The first part reviews constitutional and legal requirements that safeguard the functioning and independence of the Constitutional Court of Spain and looks for deficiencies in the existing framework. In its second part, the paper traces the relevant challenges to the Constitutional Court's independence that have occurred in the past forty years. Major pressure on the Spanish Constitutional Court have come, on the one hand, from political parties and, on the other, in recent times from the Catalonian secessionist movement. Lastly, the paper ends by reaching a conclusion on the matter.

II. Safeguarding functioning and independence

In the constitutional debate, there was no opposition to the idea of creating a constitutional court.[3] Nevertheless, the members of the constituent assembly considered the Constitutional Court a predominantly political body.[4] Although it bears the name and has the functions of a 'court', the Constitutional Court is set apart from the judiciary branch of government. Title VI of the Constitution refers to the judiciary and Title IX to the Constitutional Court. The Constitution of 1978 preserved the centennial Supreme Court, which was explicitly proclaimed Spain's 'highest judiciary body in all branches of justice, except with regard to the provisions concerning constitutional guarantees'.[5] Therefore, the text of the Constitution implies a kind of dual apex (or dual hegemony) instead of a hierarchic relationship; the Supreme Court stands as the highest judicial court, and the Constitutional Court operates as the highest specialized court for constitutional guarantees.

Nevertheless, legal provisions offer a less ambiguous design. First, the organic law of the Constitutional Court defines the Court as the 'supreme interpreter of the Constitution' proclaiming its independence from other constitutional bodies,

---

3 *Pablo Pérez Tremps*, Tribunal Constitucional y poder judicial (Madrid: Centro de Estudios Constitucionales 1985), pp. 97–109.

4 *Francisco Rubio Llorente*, La forma del poder – Estudios sobre la Constitución, 3rd ed. (Madrid: Centro de Estudios Políticos y Constitucionales 2012), p. 1396.

5 Art. 123(2).

requiring it to abide only by the Constitution and its organic law, and making it clear that no institution can challenge its jurisdiction or competence.[6] Second, the same organic law assigns the name to the members of the Court – 'judges of the Constitutional Court' (*magistrados del Tribunal Constitucional*), a denomination equivalent to that of the judges of the Supreme Court and therefore stressing the judicial character of the institution. Third, ordinary courts and judges are not allowed to review nor not apply legislation that is, or may be, unconstitutional – they must appeal to the Constitutional Court –, and fourth, the organic law of the judiciary requires all judges and courts to interpret and apply legal norms in accordance with the Constitution, as well as with the case law of the Constitutional Court.[7] All of these legal provisions assure the supremacy of the Constitutional Court within the legal order. As we will see later, however, it has not avoided conflict with the judiciary in those areas with regard to the enforcement of individual rights, where judges and courts are primarily responsible but the Constitutional Court may review their decisions.

As mentioned in the introduction, the Spanish constitution-maker was inspired greatly by the German model of constitutional jurisdiction.[8] Nevertheless, it imported from Germany only procedures necessary for the *objective* guarantee of the Constitution and deliberately omitted all procedures for the *subjective* guarantee of the Constitution that are recognised in the German basic law such as the deprivation of individuals' fundamental rights, the prohibition of political parties, and the impeachment of the Federal President and federal judges.[9] This deliberate exercise of 'negative reception' has to do with the

---

6 Art. 1 and 4 of Organic Law no. 2/1979 of the Constitutional Court (several times amended).

7 Art. 5 (1) of Organic Law no. 6/1985 of the Judiciary (several times amended).

8 See *Pedro Cruz Villalón*, 'Das Grundgesetz im internationalen Wirkungszusammenhang der Verfassungen. Bericht Spanien', in *U. Battis, E. G. Mahrenholz* and *D. Tsatsos* (eds.), Das Grundgesetz im internationalen Wirkungszusammenhang der Verfassungen – 40 Jahre Grundgesetz (Berlin: Duncker & Humblot 1990), pp. 93–108; *Francisco Balaguer Callejón* and *Miguel Azpitarte Sánchez*, 'Das Grundgesetz als ein Modell und sein Einfluss auf die spanische Verfassung von 1978', (2010) Jahrbuch des öffentlichen Rechts 58, 15–39; and *Pedro Cruz Villalón*, 'La Ley Fundamental en la evolución constitucional española (1978–2008)', in: C. Hohmann-Dennhardt, R. Scholz and P. Cruz Villalón, Las Constituciones alemana y española en su aniversario (Madrid: CEPC 2011), pp. 43–60.

9 Art. 18, 21(1), 61 and 98(2) of the German Basic Law. The differentiation between objective and subjective guarantee of the Constitution comes from *Kelsen*. See *Hans Kelsen*, 'Wesen und Entwicklung der Staatsgerichtsbarkeit', (1929) Veröffentlichungen der Vereinigung Deutscher Staatsrechtlehrer 5, p. 44.

negative experience of the predecessor to the Constitutional Court – the Court for Constitutional Guarantees – during the Second Republic (1931–1939) with the trial of Catalonia President Companys.[10] As such, the drafters of the Constitution in 1978 opted for the 'purity' of the Spanish constitutional jurisdiction, exclusively centred on constitutional review of norms and legal acts instead of on individuals and the protection of individual rights.

1. Appointment

The Court is composed of twelve judges, appointed formally by the King for nine-year, non-renewable terms. Four are nominated by the lower house of the Parliament (*Congreso*) by a three-fifths majority of its members, four by the upper house of the Parliament or Senate (*Senado*) with the same majority, two by the Government, and two by the General Council of the Judiciary also by a majority of three-fifths.[11] Nominations are divided into thirds, so that a third of judges are replaced every three years. Their appointments and terms do not coincide with the terms of the electing bodies. This form of divided or segmented appointment of the members of the Constitutional Court by the three branches of the government has no exact equivalent in comparative constitutional law.[12] The General Council of the Judiciary has the limited power of governing the organization of the judiciary, but it does not have any jurisdictional power, as that lies exclusively with the judges and courts.

Constitutional judges must be appointed from amongst higher court judges, public prosecutors, university professors, public officials and lawyers, all of whom must be Spanish nationals and jurists of recognized standing with at least fifteen years' experience in professional exercise.[13] The objective qualifications required to be appointed are not particularly strict. This is clear with regard

10 On its predecessor, see *Wilhelm Boucsein*, Verfassungssicherung und Verfassungsgerichtsbarkeit in der zweiten spanischen Republik: 1931–1936 (Hanau: Haag-Herchen 1977); *Pedro Cruz Villalón*, La formación del sistema europeo de control de constitucionalidad (1918–1939) (Madrid: CEC 1987), pp. 301–340; and *Manuel Bassols Coma*, La jurisprudencia del Tribunal de Garantías Constitucionales de la II República Española (Madrid: CEC 1987).

11 Art. 127 (1) (b) of the Organic Law of the Judiciary.

12 *José Antonio Estrada Marún*, La designación de los magistrados del Tribunal Constitucional en España. Una perspectiva orgánica y empírica (Cizur Menor: Aranzadi-Thomson Reuters 2017), p. 51; *Rafael Naranjo de la Cruz* and *Gaspar González Represa*, 'Artículo 159', in: Yolanda Gómez (ed.), Estudios sobre la reforma de la Constitución de 1978 en su cuarenta aniversario (Aranzadi: Cizur Menor 2018), p. 404.

13 Art. 159 (2) of the Constitution.

to the broad category of 'public officials', but also the other professions mentioned. For instance, the notion of 'higher court judges' (*magistrados*) includes not only judges of the highest courts of the State as in some other constitutional jurisdictions but also judges sitting at the appellate level or in specialized jurisdictions; additionally, university professors are eligible even if they do not hold a full chair or a law professorship or a professorship at a Spanish university (provided that they are jurists and Spaniards). Nor are the fifteen years of professional exercise a fine filter. With regard to the subjective requirement of 'recognized standing', candidates to be proposed by the legislative chambers must go through a hearing before the corresponding chamber.[14] However, there is no similar procedure for candidates that are appointed by the Government and the General Council of the Judiciary.

Legislation has not added further limitations or requirements for eligibility; for instance, there is no requirement, as in Germany, for the inclusion in each Court chamber of a certain number of judges from the highest courts of the State,[15] nor a minimum and/or a maximum age to serve as a constitutional judge,[16] nor the requirement to be active in the relevant juridical profession at the moment of the appointment. In practice, however, almost all appointed judges have been either full law professors or judges from the Supreme Court (from any of its five jurisdiction-based chambers, although mostly from its Administrative Law Chamber).[17]

Due to the high number of votes needed, in practice, the two main political parties (since 1982, the Socialist Party and the conservative People's Party) decide on the nominations in the legislature and, indirectly, also in the General Council of the Judiciary (which itself is elected by the two branches of the legislature). Therefore, the nomination of two judges by the Government every nine years can shift the majority in the Court ideologically closer to one of the main parties or the other. The election of the two judges by the Government every nine

14 Art. 16 (2) of the Organic Law of the Constitutional Court, as amended by Organic Law no. 6/2007.

15 Paragraph 2 (3) of the Law on the Federal Constitutional Court (BVerfGG).

16 Paragraphs 3 (1) and 4 (2) of the Law on the Federal Constitutional Court (BVerfGG).

17 To be exact, out of 63 constitutional judges appointed until 2019, 35 have been full professors of law and 25 high judges (23 of them from the Supreme Court). The rest were two practising lawyers (*Fernando García-Mon y González-Regueral* and *Eugenio Gay Montalvo*, which had also been the Chairperson of the Lawyers National Bar Association), and one public prosecutor (*Antonio Narváez Rodríguez*). See *Naranjo de la Cruz* and *González Represa*, cit., p. 408.

years may have an impact similar to the presidential designation of judges to the US Supreme Court, in the sense that it is the golden opportunity for the executive branch to change or reinforce the ideological profile of the Court, but unlike in the US, government designations does not require approval or ratification by a legislative chamber.[18]

After the nomination by the electing body and before the formal appointment by the King, the Constitutional Court reviews whether each nominee fulfils the constitutional requirements for the position.[19] The Court acts as if that review were just a formality. It limits itself to assessing whether the candidate complies with the formal requirements of legal education and fifteen years of professional exercise, without checking whether he or she has 'recognized standing'.[20] In almost forty years of experience, only one candidate has had difficulties passing said review, although twice.[21]

In 2010, the Board of the Senate excluded said candidate in as far as he did not fulfil the requirement of fifteen years of professional practice as a judge, ruling that periods of leave to serve in non-judicial posts could not be considered effective professional practice. Nevertheless, the People's Party again backed his candidacy in June 2013, this time through a direct appointment by the Government. The Constitutional Court stood divided in exactly two halves with regard to whether the nominee complied with the required qualification; finally, the President of the Court cast the deciding vote, and the candidate was formally appointed by the King.[22] This was, obviously, the worst-case scenario. The newly appointed constitutional judge was probably resentful of the situation, and those who had voted against him were probably annoyed by the imposition of their new colleague, this all thanks to the deciding vote of a President who was to leave the institution after that very decision given that his term of office had expired.

18 On three occasions, socialist governments have enjoyed the so-called 'majority premium' (1986, 1995 and 2004), while centrist and conservative governments only once each (1980 and 2013, respectively).
19 Art. 2 (g) and 10 (i) of the Organic Law of the Constitutional Court.
20 For the need to assess candidates' extent of legal experience, reasoning skills and expertise in constitutional and European case-law, see *Javier García Roca*, 'La selección de los magistrados constitucionales, su estatuto y la necesaria regeneración de las instituciones', (2012) Revista General de Derecho Constitucional 15, p. 16.
21 *Enrique López López*.
22 *Estrada Marún*, cit., pp. 95–96.

The lack of prudence by the political party promoting this appointment contributed to the erosion of both the Court's cohesion and its authority.[23]

Procedure and requirements regarding nomination of constitutional judges are one of the recurring topics of constitutional discussion. Since they are constitutionally entrenched, a constitutional reform in accordance with the procedure laid down in Art. 167 is required for its amendment. Criticism on the procedure and requirements of selections dates back to 1980.[24] From the perspective of guaranteeing the proper functioning and independence of the Court, four deficiencies in this regard can be pointed out:[25]

a) First, the appropriation (or seizure) of the posts of constitutional judges by the two main political parties. This is the principal criticism against the current appointment procedure.[26] Although the quorum for the nomination of constitutional judges in both legislative chambers is high enough to guarantee the broadest consensus on each individual appointment, the partial renovation system usually benefits only the two main political parties. When one of the two main political parties is strong enough (for instance, if it enjoys an absolute or two-thirds majority in the chamber), it tends to impose a 2-1-1 split, according to which it decides on the nomination of two judges, the main oppositional party a third one and the fourth is decided on by mutual agreement. In some exceptional cases, the two main political parties divide the total amount of posts to be appointed in half and allocate them to their partisans; both parties respect the choices of the other and vote together for

23 Nevertheless, the constitutional judge renounced his post a year later, due to a serious traffic infraction. To replace him, the Government appointed as a new constitutional judge a public prosecutor that possessed a thirty-year-long service record. On the whole issue, see *Estrada Marún*, cit., pp. 131–139.

24 The journalist *Bonifacio de la Cuadra* wrote in the daily newspaper El País of 26.1.1980 on the fear of a bipartisan appropriation of the Court (then by centrists and social-democrats) and pointed to the lack, in the composition of the first Court, of specialists in federal and regional studies. See *Bonifacio de la Cuadra*, Democracia de Papel (Madrid: Catarata 2015), pp. 32–33.

25 For the gender issue in the appointment to the Constitutional Court, which does not affect the functioning or the independence of the Court itself but lies at the different – but not less important – level of parity democracy, see the constitutional amendment proposal by *Octavio Salazar Benítez*, 'La deseable composición paritaria del Tribunal Constitutional: una propuesta de reforma constitucional', (2018) Revista de Derecho Político 101, 741–774.

26 See *Francisco Javier Matia Portilla*, 'La politización de las instituciones: mito y realidad', (2010) El Cronista del Estado Social y Democrático de Derecho 13, 42.

the whole set. Since the first appointments in 1980 – when politicians were still inspired by the consensus prevailing in the constitutional debate – very rarely has an individual candidate been supported by more than the two main political parties.[27] For only three appointments out of 63 has there been a specific agreement between one of the two main political parties and a third political party to appoint a candidate.[28] Several suggestions have been put forward to supress or mitigate this quota system and make legal expertise prevail over political affinity. Generally, these suggestions consist of extending the length of the term of office (either a life term or until retirement) and/or of individual votes in Parliament for each candidate.[29] Comparative law does not, however, offer magical receipts for avoiding the quota system in the selection of constitutional judges.[30] Constitutional design does weigh heavily, but the issue boils down to one of political culture.

---

27 The candidacy of *Jorge Rodríguez-Zapata Pérez* received a total of 198 votes and was jointly supported in the Senate by the parliamentary groups of the People's Party, the socialist party, Entesa Catalana de Progrès, CIU and Coalición Canaria. Similarly, some of the judges selected in 2010 by the Senate received the highest number of votes ever obtained in the history of the Senate (*Adela Asua Batarrita*, 226; *Luis I. Ortega Álvarez*, 223; *Francisco Pérez de los Cobos Orihuel*, 221), since they were supported by the People's Party, the Socialist Party, the mixed group and the Basque nationalists. It is one of the rare occasions in which the Basque nationalists have voted in favour of any candidate to the Constitutional Court. This has to do with the fact that the candidacy of *Adela Asua Batarrita* had been proposed by the Parliament of the Basque Country, even if it had been an initiative of the local section of the socialist party within the Parliament. See *Estrada Marún*, cit., pp. 232–234, 261–262.

28 *Carles Viver Pi-Sunyer* (1992–2001), *José Gabaldón López* (in his second term: 1992–2001) and *Encarna Roca Trias* (2012-predictably 2020) were appointed on the basis of agreements between the socialist party and the Catalonian nationalist party CIU; and *Jesús Leguina Villa* (1986–1992) was appointed with the support of both the Socialist Party and the Basque nationalists. See *Estrada Marún*, cit., pp. 181–183, 205, 223, and 225.

29 For a sophisticated amendment proposal, aiming at avoiding both deadlocks and blatant appropriation of posts by the two main political parties, see *Rafael Naranjo de la Cruz*, 'Artículo 159 bis', in *Yolanda Gómez* (ed.), Estudios sobre la reforma de la Constitución de 1978 en su cuarenta aniversario (Cizur Menor: Aranzadi-Thomson Reuters 2018), pp. 413–420.

30 *Pablo José Castillo Ortiz*, 'Guardar al Defensor de la Constitución' – Sobre la independencia de la jurisdicción constitucional: evaluación de alternativas institucionales (Madrid: Fundación Alternativas 2012), p. 30.

b) Second, the lack of consideration of territorial diversity in appointments to the Constitutional Court.[31] Although conflicts between the central government and the autonomous communities are numerous, and one of the main functions of the Court is precisely to adjudicate in those conflicts, autonomous communities do not participate in the selection of constitutional judges, a task which falls to the four constitutional bodies that represent the three State functions corresponding to the central government (the two chambers of the Parliament, the Government, and the General Council of the Judiciary). Certainly, on the one hand, this may appear coherent with the overall lack of representation of autonomous communities at the 'federal' level in Spain, one of the main differences of Spain's decentralization model from some other federal systems, and with the 'non-federal' character of the Constitutional Court of Spain, but, on the other hand, it seems inadequate for the State to turn its back on regional sensitivity and expertise if the Constitutional Court wishes to strengthen its authority. By contrast, the Spanish Constitution of 1931 explicitly laid forth that each autonomous region could nominate a judge, even if only Catalonia benefited from this possibility as it was the only autonomous region prior to the civil war, and in the end, the experience has been deemed as negative, as the judge appointed by Catalonia acted more as a representative of the region than as a member of a court.

In 2007, the procedure to nominee constitutional judges within the Senate was amended.[32] Now, the Senate nominates its four judges from candidates proposed by the legislatures of the seventeen autonomous communities; each regional assembly proposes two candidates, and each candidate must go through a public hearing in the Senate.

The impact of this innovation, which has only been put in practice twice (in 2010 and 2017), has been quite modest, and its future is uncertain. On the one hand, the selecting body, the Senate, does not represent the autonomous

---

31 *Jerónimo Arozamena Sierra*, 'Organización y funcionamiento del Tribunal Constitucional: balance de quince años', in La jurisdicción constitucional en España – La Ley Orgánica del Tribunal Constitucional: 1979–1994 (Madrid: Tribunal Constitucional-Centro de Estudios Constitucionales 1995), p. 46.

32 The amendment consisting of not more than a handful of words was not carefully elaborated. In fact, the Government's original proposal to amend the Organic Law of the Constitutional Court did not include it, but the Basque and Catalonian nationalist party groups (CIU, PNV and ERC) submitted to the Parliament propositions to guarantee that the Senate appoint candidates that would be sensitive to autonomous communities' rights.

communities, since most of the senators are directly elected by the people on a province-district basis and only around one fifth are appointed by regional Parliaments. On the other hand, one of the two main State-wide political parties – the People's Party – disagreed with the reform of the selection process, challenging the amendment before the Constitutional Court, which declared the reform to be compatible with the Constitution, provided that it is understood that the Senate is not bound by the proposals of the regional Parliaments if it considers that their candidates are not appropriate.[33] This interpretation saved the constitutionality of the amendment but downgraded the participation of autonomous communities in the procedure to nominate constitutional judges to a mere right to be consulted.[34] Moreover, the People's Party made regional assemblies, where it had strong representation, nominate the same two people to the Senate, disregarding the spirit of the reform. This was possible as the regionalization of the party system is still embryonic outside the more assertive of the autonomous communities. Regional politicians owe their position to the national party that appoints and supports them in the first place, and they are, therefore, subservient to the party's needs and less able to promote and defend distinctive candidates to national institutions. In 2017, when the amended selection procedure was implemented for the second time, the socialist party also partially joined the People's Party in its consolidation of candidates proposed by the regional assemblies. Consequentially, the Parliaments of Catalonia and the Basque Country refrained from proposing candidates to the Senate, as they considered that the leadership of the two main State-wide political parties had already decided on the selection of the four judges, even before they were heard in the Senate. Thus, they expressed their disagreement with the way the amendment to the selection process had been implemented.

---

33 Judgments 49/2008 and 101/2008. On these rulings, see *Ignacio Torres Muro*, 'La reforma de la LOTC y del Reglamento del Senado, puesta a prueba', (2008) Revista General de Derecho Constitucional 6; *Juan Francisco de Asis Sánchez Barrilao*, 'La participación de las Comunidades Autónomas en la elección de los magistrados constitucionales', (2009) Teoría y Realidad Constitucional 23, pp. 387–424; *Patricia Rodríguez-Patrón*, 'El Tribunal Constitucional ante la reciente reforma de los artículos 16 de su Ley Orgánica y 184 del Reglamento del Senado', (2010) Revista de Derecho Político 77, pp. 107–140; and *Joaquín Urías*, 'El Tribunal Constitucional ante la participación autonómica en el nombramiento de sus miembros', (2010) Revista d'Estudis Autonòmics i Federals 10, pp. 207–244. In favour of the Court's understanding, *Lozano Miralles* and *Saccomanno*, *cit.*, pp. 294–296.

34 For a thorough commentary, see *Estrada Marún*, cit., pp. 281–290.

It is not a question of territorial representation, but of sensitivity to and expertise in the promotion of autonomy – and therefore, of increasing the legitimacy of the 'arbiter' in territorial disputes. As a result of the design and implementation of the reform, only one of the four constitutional judges selected in 2010 by the Senate may be considered an expert in decentralisation, and only one other had her residence outside Madrid. Furthermore, in 2017, only one was an expert on federalism or autonomy, while three others had their residence in Madrid. More disturbing still was the circumvention of the legal procedure for nomination in 2010 with no consequences to speak of, despite its implementation in accordance with the interpretation handed down by the Constitutional Court. One of the judges elected by the Senate had not been originally proposed by legislature of an autonomous community;[35] the reason for his election was not that the Board of the Senate had considered, pursuant to Judgment 49/2008, that regional assemblies had not provided it with candidates qualified enough for the post but instead because the Senate had rejected the 'first' option presented by one of the two main political parties, and thus the leadership of that political party had decided to replace the regional candidate with a new one.

c) Third, the increasing role of career judges in the Constitutional Court.[36] From the beginning, career judges have always been appointed to the Constitutional Court. Although it is not required to do so, the General Council of the Judiciary has always taken care to propose career judges to the Court. In the first Court, there were nine professors and three career judges. In 2002, after a premature replacement, the number of career judges rose to five. After the partial renovation of 2004, the Court was made up of seven career judges, one lawyer, and four professors. This was the longest Court, since two thirds of its composition were renovated much later than normal. Today, after the partial renovation of 2017, a similar proportion prevails: six career judges (former judges of the Supreme Court, four of them from the same administrative law chamber), a career public prosecutor (a chief prosecutor at the Supreme Court), and five professors.

It is not only the number, but also the relevance of career judges which has increased. For decades, all the presidents of the Court came originally from academia, even if professors were not in the majority. This was not based on any

35 *Francisco Pérez de los Cobos Orihuel.*

36 In Spain, judges are generally recruited as a special kind of civil servant to serve in the judiciary through a competitive public exam and after completing legal training.

legal provision, but on tradition. The pattern changed in 2011, when a career judge – a former President of the Supreme Court – was elected by the constitutional judges as their President; the same occurred in 2017 when, for the second time, another former judge of the Supreme Court was elected to become the President of the Constitutional Court.

Both trends, the prevailing number of career judges and the presidency in the hands of a career judge, reinforce each other. They refer to a situation in which the Constitutional Court has surreptitiously 'been captured' by the more conservative Supreme Court. In 2011, the Court included two former Presidents of the Supreme Court; quite symbolically, until 2008 one of them was known for his disagreement with and criticism of the Constitutional Court.[37] Currently, the President and the Vice-President of the Court – which are, also, the Presidents of both Chambers of the Court – are career judges and hold the right to cast the deciding vote when there is a tie in plenary sessions and in chambers.

This development has had implications on the nature and scope of the Court's review. First, constitutional judicial review may be conceived as a continuation of the judicial review in which career judges are trained and, therefore, pieces of legislation challenged before the Court may be treated as administrative acts or rules. Second, many individual applications for the protection of fundamental rights challenge judicial decisions taken by the different Chambers of the Supreme Court, and former members of the Supreme Court may be deferent to the decisions of their colleagues still sitting on the bench.

This development is possible because in Spain, unlike in Germany or Italy, there is no limitation on the number of career judges sitting on the Constitutional Court, and because, unlike in Germany, the election of the President of the Court is a decision devolved to its own judges.

d) Fourth, the lack of an age limitation for appointment to the Constitutional Court.[38] Due to the lack of specific rules, it is up to the judges themselves to decide whether they are fully able to complete a full term. In the past, most of the premature ends to terms have been for age or health reasons. Nevertheless, in recent years the average age of constitutional judges when appointed has increased, and it is no exception that judges near or even over the age of

37 *Francisco José Hernando Santiago*, President of the Supreme Court (2001–2008) and judge of the Constitutional Court (2011–2013).

38 Originally, this was a deliberate decision in order not to prevent the appointment of *Manuel García Pelayo* (1909–1991) to the Court. He was appointed in February 1980 at the age of seventy.

70 are appointed. This is fostered by the erroneous idea that appointment to the Constitutional Court is an honorific corollary for a distinguished legal career. In 2017, a record of sorts was broken in this regard; a 79-year-old law professor was appointed for a term of nine years. In Spain, judges of the Supreme Court must retire at the age of 72 and other judges as well as university professors at the age of 70. However, they are still eligible to be constitutional judges even if they are retired from the professional exercise that justifies their eligibility.[39] The lack of age rules for the appointment or the retirement of constitutional judges is detrimental to the proper functioning of the Court, whose workload is extremely demanding.

Moreover, since there is neither an age limitation nor any limitation on the number of career judges, the political party sustaining the Government can use appointment to the Constitutional Court to reward those judges of the Supreme Court – especially those serving as Presidents of the Supreme Court or of one of its Chambers – that prove deferent to government initiatives or judicial difficulties. The Supreme Court reviews the legal acts of the Government and the General Council of the Judiciary (through its Administrative Law Chamber), it adjudicates on suits to prohibit political parties at the behest of the Government or the public prosecutor (through the so-called Special Chamber) and tries individuals with parliamentary immunity (through its Criminal Law Chamber).[40] To avoid both dangers for the functioning and the independence of both the Constitutional Court and the Supreme Court, age rules either for

---

39 For instance, *Francisco José Hernando Santiago* had already retired from the Supreme Court in 2008 at the age of 72 when in 2010 at the age of 74 he was appointed to the Constitutional Court; similarly, *Santiago Martínez-Vares García* had already retired from the Supreme Court in 2012 at the age of 72 when, a year later, he was appointed to the Constitutional Court. Professor *Fernando Garrido Falla* (1921–2002) was appointed in February 1998 at the age of 76.

40 Several former Presidents of the Supreme Court have been appointed to the Constitutional Court (*Ángel Escudero del Corral, Jesús Delgado Barrio, Francisco José Hernando* and *Pascual Sala Sánchez*), which represent four of the nine Presidents of the Supreme Court of the democracy. In most cases the appointments were decided formally within the General Council of the Judiciary (except in the case of *Jesús Delgado Barrio*). Certainly, the appointment to the Presidency of the Supreme Court also requires the agreement of the two main political parties within the General Council of the Judiciary. Nevertheless, it would look more impartial and less confusing if the same individuals were not promoted to the top of the Supreme Court and later to the Constitutional Court. This is connected with the arguments above mentioned to avoid transforming the Constitutional Court in an extension of the Supreme Court.

appointment or for the retirement of constitutional judges should be adopted. The establishment of a fixed retirement age for constitutional judges would not be more of a disturbance to the partial renovation cycle than the succession of unpredicted individual vacancies that inevitably, by virtue of death or premature resignations, already occur.[41]

By contrast, election by the Government shows a consistent pattern of tactical acumen; the average age of constitutional judges elected by the Government is 52.[42] As previously mentioned, by electing two constitutional judges every nine years, the Government has the prerogative to orient or reinforce the majority of the Court in the ideological direction of its choosing. From the existing data, it would seem that, to fully exploit this advantage, successive Governments have considered the age of candidates and have opted for middle-aged judges to guarantee that their election will not be reversed through a premature end of term, and thereby, a vacancy that might be filled by a Government of another ideology. In fact, none of the Government's eleven appointments in almost forty years has prematurely ended his term due to death, age or health reasons.[43]

2. The peculiar shortening and extension of the constitutional nine-year-term of office

Further clarification is needed with regard to the time factor in appointments to the Constitutional Court. The Constitution clearly establishes that constitutional judges are appointed for nine-year, non-renewable terms, although special provisions were applied to the terms of the twelve judges appointed in 1980.[44] Nevertheless, the organic law of the Constitutional Court allows for a second full-term appointment if three years have elapsed after the expiration of the first

---

41 The following judges did not complete their terms: *Menéndez y Menéndez* (1980, resignation), *Fernández Viagas* (1982, death), *Díez de Velasco* (1985, resignation), *García-Pelayo* (1986, resignation), *Truyol y Serra* (1990, resignation), *De los Mozos* (1992, resignation), *Delgado Barrio* (1996, resignation), *Ruiz Vadillo* (1998, death), *Garrido Falla* (2002, resignation), *García-Calvo* (2008, death), *Hernando Santiago* (2013, death), *López López* (2014, resignation), and *Ortega Álvarez* (2015, death).

42 All male and mostly professors: 1980, *Arozamena*, 56 and *Gómez-Ferrer*, 43; 1986, *Rodríguez-Piñero*, 51 and *López Guerra*, 39; 1995, *Jiménez de Parga*, 66 and *Vives Antón*, 55; 2004, *Aragón Reyes*, 60 and *Pérez Tremps*, 47; 2013, *González-Trevijano*, 55 and *López López*, 50; 2014, *Narváez Rodríguez*, 56.

43 The only case of a premature end of the term of office was a resignation due to a traffic incident.

44 Ninth transitory provision to the Spanish Constitution.

appointment to the Court; in other words, the law forbids consecutive, but not discontinuous appointments.[45] If judges could be reappointed for a new consecutive full term of nine years, their independence may appear compromised; they could be inclined to seek re-appointment, and even if not, their opinions could still be understood in this light. Therefore, the law only allows for discontinuous appointment. In almost forty years, this possibility has never been exercised. Therefore, no serious discussion on the legitimacy and opportunity of this rule has ever occurred.[46]

However, strong criticism has been leveled with regard to the way in which the nine-year term may be shortened or extended in given circumstances:

a) When there is a vacancy at the Court for reasons, others than the expiration of term of office (death, resignation, incapacitation, incompatibility etc.), the relevant selecting body shall propose to the King the appointment of a new judge to serve for the remaining time, that is, until the full set of four judges is renewed in due time. The new judge will always serve for a period of time inferior to nine years. Nevertheless, if a judge appointed to replace a judge that has died or resigned serves for less than three years, the Organic Law of the Constitutional Court allows the selecting body to propose the same judge for a new full term of nine years.[47] These are the only situations in which a constitutional judge may be appointed either for a period of less than nine years or for two consecutive periods amounting to almost twelve years. Both situations could be seen to be at odds with the nine-year term of office that the Constitution foresees.[48] Nevertheless, as a premature end to the term of

45 Art. 16(4) of the Organic Law of the Constitutional Court.

46 *Eduardo Espín Templado*, 'Art. 16', in *J. L. Requejo Pagés* (ed.), Comentarios a la Ley Orgánica del Tribunal Constitucional (Madrid 2011), p. 300.

47 Art. 16 (4) of the Organic Law of the Constitutional Court. In all cases in which a constitutional judge had been initially appointed for a period of time inferior to three years, he was later appointed for a new full term of nine years (*García-Mon*, 1989; *Gabaldón*, 1992; *Enríquez Sancho*, 2017; in all cases but one, by the same electing body. *Pera Verdaguer* was appointed to the Constitutional Court on 15 January 1983; the partial renovation vote in the General Council of the Judiciary took place on 29 January 1986 when he had already exceeded the three years. For a thorough study of the rationality and practical implementation, not without difficulties, of the partial renovation system see *I. Borrajo Iniesta*, 'Renovarse o morir: el ritmo de las renovaciones del Tribunal Constitucional español', (2013) Revista General de Derecho Constitucional 16.

48 *Francisco Rubio Llorente*, La forma del poder (Madrid 2012), vol. II, pp. 1398–1399; *Estrada Marún*, cit., p. 74.

constitutional judges may happen, the legislator had to give priority either to the strict application of the nine-year term of office or to the partial renovation system, both of which being constitutionally entrenched. A systematic interpretation of the Constitution supports the legislator's decision to give priority to the partial renovation system within the described terms.[49]

b) Confrontation between the two main political parties led to a serious case of political deadlock in the appointment of constitutional judges. From February 2007 to July 2012, many of the constitutional judges continued to serve on the Court though their term had expired. For a number of weeks (from the 8 November 2010 to the end of January 2011), only a third of the judges' terms had not expired. Thus, the partial renovation cycle of the Court was very much affected. In two steps, the legislator amended the law in an attempt to avoid part of the incentives for, and part of the consequences of, a deadlock. According to provisions established in 2007, the Presidency and Vice-Presidency of the Court expire after three years, but in cases where the necessary partial renovation fails, they continue on until the renovation of four judges takes place and the new judges are sworn into office.[50] The Court declared that this amendment was consistent with the Constitution.[51] According to provisions established in 2010, the ordinary nine-year term of constitutional judges replacing those with an expired term of office shall be shortened to match the delay in the renovation incurred by the selecting body.[52] As a consequence, constitutional judges appointed in 2011 were replaced in 2017 after having served only six years. Thus, the judges appointed in 2012 should be replaced in 2020 after having served approximately seven and a half years. These practices do not seem consistent with Art. 159 (3) of the Constitution, which explicitly foresees a nine-year term of office.[53]

---

49 In this sense, *Espín Templado*, cit., p. 301–302.

50 Art. 16 (3) of the Organic Law of the Constitutional Court, as amended by Organic Law no. 6/2007.

51 Judgments 49/2008 and 101/2008.

52 Art. 16 (5) of the Organic Law of the Constitutional Court, as amended by Organic Law no. 8/2010.

53 The amendment has been the object of sharp criticism: see, for instance, *Luis Pomed Sánchez*, 'Prólogo' to *J. A. Estrada Marún*, La designación de los magistrados del Tribunal Constitucional en España. Una perspectiva orgánica y empírica (Cizur Menor: Aranzadi-Thomson Reuters 2017), p. 37: 'Organic Law no. 8/2010 does not correspond with a democracy that is almost four decades old'. An elaborated criticism in *Estrada Marún*, cit., pp. 259, 339–343.

In both situations, the legislator's sole concern seems to be the preservation of the partial renovation cycle every three years, as though it were the only constitutional key to the proper functioning of the Court – which it is not nor should it be but instrumental – at the risk of downplaying the importance of the constitutional provision which clearly stipulates nine-year terms. Instead of remedying the causes or the consequences of political deadlock, the new provisions have paradoxically legalised noncompliance with the legislative chambers' constitutional duty to provide renovation of the Court in due time and have shifted the consequences of political deadlock to the length of term of office of constitutional judges. Legal scholarship has proposed several solutions to bypass political deadlocks after a reasonable delay has elapsed: lowering the majority required for election, co-option of constitutional judges, the King's right to propose candidates to the selecting bodies, appointment by or of constitutional judges emeriti, appointment by other social organisations, etc.[54]

3. Status of independence

Constitutional provisions explicitly protect the independence of members of the Constitutional Court; membership of the Constitutional Court is incompatible with any representative function, any political or administrative office, a management role in a political party or trade union or any employment in their service, a career as a judge or prosecutor, and any professional or commercial activity whatsoever; the incompatibilities related to the members of the Judiciary are also applicable to the members of the Constitutional Court, and judges of the Constitutional Court are independent and irremovable during their term of office.[55] It is the Court itself who declares the end of term of constitutional judges.[56] In almost forty years of operation, the members of the Court have not had any problems with these provisions.

Beyond the entrenched incompatibilities, selecting bodies tend to avoid appointing to the Constitutional Court individuals that have in the past had relevant political, governmental or ministerial responsibilities. For instance, out of

---

54 Reform proposals are numerous. Among them, see *Susana García Couso*, 'Cómo superar la lógica del estado de partidos en el Tribunal Constitucional: la reforma del artículo 159', (2012) Teoría y Realidad Constitucional 29, 433–456; *Germán Fernández Farreres*, 'Sobre la designación de los magistrados constitucionales: una propuesta de reforma constitucional' (2015) Revista Española de Derecho Constitucional 105, 13–49; *Estrada Marún*, cit., pp. 352–370.

55 Art. 159 (4) and (5) of the Constitution.

56 Art. 23 of the Organic Law of the Constitutional Court.

63 constitutional judges appointed up until 2019 none had previously been a member of the State or a regional government in the constitutional period,[57] and only a handful had been members of the State Parliament, mostly only senators during the drafting of the Constitution.[58]

Controversy arose in July 2013 when, immediately after the election of a new President of the Court,[59] it was revealed that he had been member of a political party until shortly prior to his election, including during the previous three years of service at the Court; said controversy should be understood in that the general public strongly believes that membership to a political party is incompatible with the status of a constitutional judge. However, as previously indicated, the Constitution does not forbid ordinary membership, only a management role in a political party. Therefore, a formal request to the Court to exclude the participation of its President from proceedings concerning Catalonia was rejected on September 2013, with widespread incomprehension from the general public.[60] Some scholars propose to amend Article 159 of the Constitution to exclude even the membership to any political party or trade union by constitutional judges.[61]

Other measures to guarantee the independence of the Court include: immunity of constitutional judges for opinions expressed in the exercise of their functions,[62] criminal protection against defamation, libel or threats by third

57 The exceptions are, in any case, quite distant in the past: first, *Plácido Fernández Viagas*, appointed as a constitutional judge in 1980 by the General Council of the Judiciary, had been the Chairman of the political-representative body preparing the autonomous community of Andalucía (1978–1979) before joining the General Council; second, *Aurelio Menéndez*, appointed as a constitutional judge in 1980 and at the same time as the preferred candidate of the governing party to be the President of the Court, had been Minister of Education between 1976–1977 – he immediately resigned, however, from the constitutional office as his colleagues opted to elect another judge as their President –; and third, *Manuel Jiménez de Parga*, appointed as a constitutional judge in 1995, had been Minister of Labour between 1977–1978.

58 Only the law professor *Andrés Ollero Tassara*, appointed in 2012 to the Constitutional Court, had been before a member of the Parliament for seventeen years (1986–2003).

59 Francisco Pérez de los Cobos Orihuel.

60 Order 180/2013. See *Francisco Javier Matia Portilla*, 'Sobre la adscripción partidaria de los magistrados del Tribunal Constitucional y su invocación en el proceso', (2014) Teoría y Realidad Constitucional 34, pp. 235–268.

61 *Naranjo de la Cruz* and *González Represa*, cit., pp. 411–412.

62 Art. 22 of the Organic Law of the Constitutional Court. See *Clara Viana Ballester*, 'La no reforma de la inviolabilidad de los Magistrados del Tribunal Constitucional mediante LO 6/2007', in Constitución, derechos fundamentales y sistema penal (Semblanzas y

persons,[63] the fact that the Supreme Court is the legal venue to try constitutional judges,[64] the power to approve and manage the Court's budget,[65] and the power to pass rules on its own functioning and organisation and on the statute of its staff.[66]

III. Challenges to the functioning and independence of the Constitutional Court

Three kinds of challenges to the proper functioning and independence of the Constitutional Court can be discerned in its forty-year existence: pressure from the three branches of government, from political parties, and from territorial powers. Each of these challenges is of different intensity and impact. The next few sections will analyse them from the least to the most serious interferences.

1. Challenges from three branches of government

Tension between the Court and State powers is to some extent inevitable. Understandably, a public authority whose act is annulled tends to dislike the judgment handed down by the Court. This is especially the case when the Spanish Government sees one of its emblematic legislative initiatives annulled. For instance, Judgment 341/1993 declared unconstitutional the law which gave power to the police to enter a place of residence without a warrant when a crime is believed to be being perpetrated. The Minister that proposed the legislation resigned immediately following this decision.

On occasion, the Court has adopted a moralizing tone, reminding public powers that they owe loyalty to the Constitution and affirming the need to correct anomalous situations in which the central state continues exercising powers that belong to the autonomous communities.[67]

Nevertheless, neither the central government nor the legislature has ever reacted with unconstitutional measures or with attempts to weaken the Court or its powers. There has never been a case of the repassing of legal provisions

---

estudios con motivo del setenta aniversario del profesor Tomás Salvador Vives Antón), t. II (Valencia: Tirant lo Blanch 2009), pp. 1973–1987.

63 Art. 504 of the Criminal Code.

64 Art. 57 (2) of the Organic Law of the Judiciary.

65 Second Additional Provision of the Organic Law on the Constitutional Court. See *Lozano Miralles* and *Saccomanno*, cit., pp. 216–220.

66 Art. 2 (2) of the Organic law on the Constitutional Court.

67 See, for instance, Judgments 208/1999 and 95/2016.

already ruled unconstitutional and void by the Court. The Court can generally count on a responsive legislature, which, when asked to amend or replace unconstitutional legislation, responds within a reasonable time.[68] Last but not least, the constitutional amendment has never been used as a way of side-stepping a Court ruling, as in other European countries.[69]

By contrast, clashes with the Supreme Court have been relatively frequent in the first twenty-five years (1981–2007), especially with its Civil and Criminal Law Chambers.[70] The Supreme Court's Criminal Law Chamber explicitly

68 In 1999, the Court held unconstitutional the centralisation of administrative powers for the protection of competition and called on the legislature to regulate the decentralisation and co-ordination of administrative powers in this area (Judgment 208/1999); in 2002, the legislature passed an act establishing said principles. In 2012, the Court held unconstitutional the centralisation of powers concerning the management of railroads and called on the legislature to specify which railroads are of the national interest and should remain with the central state's competence and which should not and should be transferred to the autonomous communities (Judgment 245/2012). Formal compliance with the judgment was endorsed first by the government, which urgently passed a provisional scheme in just two months, and, later, by the legislature with a definitive scheme in 2013. Nevertheless, new controversies arose with regard to the decisions made by the central state.

69 For instance, Art. 53 (1) of the French Constitution was amended to bypass *décision* 93-325 of 13 August 1993 of the *Conseil Constitutionnel*, on the Aliens Act limiting aliens' rights. Constitutional amendments to overcome, or even to prevent nullifying judgments of the Constitutional Court, are not rare in Austria: *Heinz Schäffer*, 'La relación entre el Tribunal Constitucional y el legislador', in: E. Aja (ed.), Las tensiones entre el Tribunal Constitucional y el legislador en la Europa actual (Barcelona: Ariel 1998), 40–42.

70 *Rosario Serra Cristóbal*, La guerra de las cortes: la revisión de la jurisprudencia del Tribunal Supremo a través del recurso de amparo (Madrid: Tecnos 1999); *Pedro Cruz Villalón*, 'Conflict between Tribunal Constitucional and Tribunal Supremo – a national experience', in: The future of European judicial system in a comparative perspective (Baden-Baden: Nomos 2006), 111–116; *Leslie Turano*, 'Spain: Quis custodiet ipsos custodes?: The Struggle for Jurisdiction Between the Tribunal Constitutional and the Tribunal Supremo', (2006) 1 International Journal for Constitutional Law 1, pp. 151–162; *Luis E. Delgado del Rincón*, 'El principio de primacía del Tribunal Constitucional en materia de garantías constitucionales: su cuestionamiento por la Sala Primera del Tribunal Supremo', en *P. Pérez Tremps* (ed.), La reforma del Tribunal Constitucional – Actas del V Congreso de la Asociación de Constitucionalistas de España (Valencia: Tirant lo Blanc 2007), pp. 633–670; *Cornelia Hansen*, 'Guerra de Cortes': der Konflikt zwischen dem Spanischen Verfassungsgericht und dem Spanischen Obersten Gericht (Hamburgo: Dr. Kovac 2008); *Rafael Mendizabal Allende*, La guerra de los jueces: Tribunal Supremo vs. Tribunal Constitucional (Madrid: Dykinson 2012).

rejected rulings by the Constitutional Court concerning the interpretation of time limitations for criminal responsibility,[71] since the former considered that the latter had invaded its competence on the interpretation of legality. For that same reason, the Supreme Court's Civil Law Chamber became irritated by the Constitutional Court's rulings on cases dealing with the investigation of paternity[72] and on a celebrity's honour.[73] Conflict with the Supreme Court reached a head when in January 2004 it declared a civil suit against each of the twelve constitutional judges for professional negligence. The Supreme Court considered that the Constitutional Court had not reasoned its decision to not admit an extravagant individual complaint based on the merits of the case; the complaint was directed 'to the Constitutional Court replaced by a composition that would guarantee an impartial assessment', and it requested the recusal of all of the constitutional judges and the elaboration by the Parliament of a new law providing a new Constitutional Court. The constitutional judges were obliged to compensate for damages. Instead of worsening the conflict, they paid the compensation and submitted individual constitutional complaints against the Judgment before the Constitutional Court. The case remained undecided until, more than nine years after the submission of their constitutional complaint, a fully-renewed Constitutional Court could address it. In Judgment 133/2013, the Constitutional Court stated that no Spanish court could review its rulings and annulled the Supreme Court's ruling imposing compensation for damages. In light of the Supreme Court ruling against the constitutional judges, Art. 4 of the Organic Law of the Constitutional Court was amended in 2007 to make clear that no court of the State may review decisions of the Constitutional Court and that the Court may take all necessary measures to preserve its jurisdiction, including *ex officio* declaration of the nullity of acts or decisions that undermine it.

2. Challenges from political parties

The Constitutional Court's first years of functioning were, for some, a sort of golden age in terms of independence; 'the first constitutional judges were the

71 See, for instance, Judgments 63/2005, 138/2016, and 22/2017.

72 Judgment 7/1994. The judges of the Civil Chamber of the Supreme Court even considered the possibility of submitting a protest to the King. See *Bonifacio de la Cuadra*, Democracia de papel (Madrid: Catarata 2015), p. 33.

73 Judgments 115/2000 and 186/2001.

most independent and capable in the history of the institution.'[74] Two examples of this golden age must be mentioned. First, in 1980 the judges did not elect as their President the candidate already 'decided' by the two main political parties, the commercial law professor *Aurelio Menéndez* who had been Minister of Education during the transition to democracy, but, symbolically, the seventy-year-old constitutional law professor *Manuel García-Pelayo* who had defended the Republic as a young officer and had later taught constitutional law in Puerto Rico and Venezuela.[75] Second, in 1982 the two then main political parties agreed to enact a harmonising law according to Article 150 (3) of the Constitution to regulate the process of decentralisation. Simply put, they attempted to impose a uniform model for the developing system of devolution of powers. Suits against the law were brought by the Basque Country and Catalonia. In a hard-hitting ruling, the Constitutional Court unanimously declared that preventive harmonization of the rule-making provisions of the newly born or to-be-created autonomous communities was not compatible with the Constitution.[76]

Nevertheless, even capable judges must cope with challenges to their independence. The first challenge to the Court's independence happened at the very beginning; by virtue of transitory provisions of the Constitution, four of the judges of the Constitutional Court had to be replaced in 1983, in order to establish the partial renovation cycle every three years; nevertheless, they could be exceptionally re-appointed for another full term. Those four judges had been part of the broad consensus between centrists (the then-governing party) and socialists (the then-main opposition party) to elect the first ten judges by both the Parliament and the Government in 1980. In fact, after winning the 1982 general election with an absolute majority (202 seats out of 350) the governing socialist party made it clear that it only wished to re-appoint two of them, apparently, because the other two were politically less trust-worthy.[77] By contrast, the opposition conservative party preferred to either maintain all of them or to appoint four new judges. For seven months, political forces discussed whether to re-appoint the judges or not. Here, the idea that the composition of the Court should reflect the political composition of the Parliament emerged for the first time. In the meanwhile, the Court continued business as usual and, for instance,

---

74 *Bonifacio de la Cuadra*, Democracia de papel (Madrid: Catarata 2015), p. 32. He insists that, at that time, the Court was not yet mortgaged by political parties, but by the Constitution it had to interpret.

75 *Estrada Marún*, cit., p. 57.

76 Judgment 76/1983.

77 Professors *Francisco Rubio Llorente* and *Antonio Truyol y Serra*.

unanimously ruled on the preventive harmonisation of the autonomy process. In the end, the four judges whose term of office had expired were re-elected, a decision which reinforced the authority of the Court.[78] If in those inaugural years these judges had been chastened for their legal opinions, the political message would have been devastating. Pressure on judges by political parties in politically disputed cases, however, has not been entirely averted in those years, as demonstrated the review of a Government's controversial expropriation of a firm[79] or, years later, the review of abortion legislation.[80] Both cases were decided with the President of the Court casting the deciding vote.[81]

Spanish constitutional jurisdiction shows a degree of politicisation similar to that of other constitutional jurisdictions, since complete independence from politics cannot, by definition, be fully achieved. First, all constitutional judges are selected by political institutions, which are controlled by the main political forces of the time, political affinity being a relevant aspect of their selection. Legislative chambers are no longer the fora to discuss the subjective requirements and skills of the candidates. Few people outside the selecting body carry negotiations on the appointments to the Constitutional Court, and sometimes, as it happened in 2001, it is part and parcel of broader political bargaining between the two main political forces that includes other constitutional institutions. Second, constitutional judges presently make up two clusters, socialist or conservative, in the sense that they concur more often with judges of the same cluster than those of the other. Third, internal tension within a Constitutional Court and public controversy with regard to judgments with political implications are inevitable. Peaks of tension and controversy are sometimes reached in constitutional jurisdictions. Nevertheless, an empirical study on constitutional judicial review voting in the Spanish Constitutional Court for a period of twenty years (1980–2001) concludes that 'party alignment exists but is subject to complex

78 See *Estrada Marún*, cit., pp. 169–173.

79 Judgment 111/1983. The Plenary of the ECtHR declared in Ruiz-Mateos v. Spain (Judgment of 23 June 1993, application no. 12952/87) that there had been a violation of Art. 6 (1) CEDH "as regards the fairness of the proceedings conducted in this case in the Constitutional Court".

80 Judgment 53/1985.

81 This brought about rough media campaigns against the then President, *Manuel García-Pelayo*, which went on even after his premature resignation in 1986. See *Rubio Llorente*, La forma del poder (Madrid 2012), vol. I, p. 432.

incentives and institutional influences', and that ideology is 'subject to institutional restrictions that favour frequent unanimous decisions'.[82]

All the same, there is a perception that the degree of politicisation of the Spanish Constitutional Court has deteriorated in the last decade,[83] with a majority of scholars pointing to the constitutional adjudication on Catalonia's autonomy statute of 2006 as the turning point.[84] Strictly speaking, the phenomenon is not about the party preferences of constitutional judges, but about the instrumentalisation of constitutional jurisdiction by the main political parties.[85] There is no easy solution to brutal instrumentalisation.

Two basic events have made the appearance of politicisation more visible to citizens: the stormy proceedings of the constitutional appeal against the statute of autonomy of Catalonia (2006–2010) and the three-year political deadlock to renew the Constitutional Court (2007–2010). When the polarisation of political life reaches a climax, as occurred in those cases, the functioning of the Constitutional Court is one of the collateral victims. The struggle over appointments and the crossover recusal of constitutional judges at the behest of the two main political parties made the Constitutional Court internally more fragile and externally more vulnerable to accusations of political bias.

Between 2006 and 2010, the atmosphere both inside and outside the Court was tense. To understand the intensity of the political confrontation, it must be, first, noted that the governing conservative People's Party had just unexpectedly lost the general elections of 14 March 2004, after having run the Government for the previous eight years. A few days prior to said elections a terrorist attack on a Madrid railway killed near two hundred people. The central government insisted from the very beginning that it had been carried out by a Basque

---

82 *Nuno Garoupa, Fernando Gómez-Pomar* and *Veronica Grembi*, 'Judging under Political Pressure: An Empirical Analysis of Constitutional Review Voting in the Spanish Constitutional Court', Illinois Law, Behavior and Social Science Research Paper Series, Nr. LBSS11-22 (University of Illinois, College of Law), May 2011, p. 17.

83 *Castillo Ortiz*, cit., p. 14.

84 In this sense, *Octavio Salazar Benítez*, 'El nombramiento de los magistrados y las magistradas del Tribunal Constitucional: ingeniería jurídica vs cultura política", in *Alejandro Villanueva Turnes* (ed.), El Tribunal Constitucional español (Tébar Flores 2017), p. 28; *J.-B. Harguindéguy, G. Sola Rodríguez* and *J. Cruz Díaz*, 'Between justice and politics: the role of the Spanish Constitutional Court in the state of autonomies', (2018) Territory, Politics, Governance, p. 10: 'The politicization of the court with respect to the ruling about the statute of Catalonia damaged the reputation for impartiality of the court'.

85 *Harguindéguy, Sola Rodríguez* and *Cruz Díaz*, cit., p. 15.

terrorist organization, though evidence was lacking and the attack did not fit the pattern of attacks carried out by that organization. For years after, some members of the People's Party and of the media fed the paranoid belief that it had been a conspiracy by State security services. With the unforeseen loss of the 2004 general election, the People's Party also lost the chance to elect two judges to the Constitutional Court, in the Government's turn, to replace those ending their term of office on 8 April 2004.

Second, the socialist party in Catalonia had allied itself with nationalist parties to govern the regional government with the promise of broadening devolution through a new statute of autonomy, a measure the conservative party strongly opposed. The statute of autonomy of Catalonia was approved in the Parliaments of Catalonia and Spain and later by the Catalonian people by referendum in June 2006. To be sure, the text approved by 90 % of the members of the Parliament of Catalonia was quite different from the text approved later by the Parliament of Spain and the people of Catalonia, to the extent that one of the two Catalonian nationalist parties rescinded its support to its ratification in the referendum. While the conservative party had (and has) relatively little support in Catalonia, it is, however, one of the two main State-wide political parties, along with the socialist party. Even if the Catalonian statute of autonomy had been approved by the Spanish Parliament and by the people of Catalonia in a referendum, it lacked the support of the conservative party.

Even before the statute of autonomy of Catalonia was passed, the conservative party had already begun a massive campaign against it, obviously expecting big electoral gains in other regions of Spain. The campaign included popular agitation, such as the collection of signatures against its approval and calling for a boycott against Catalonian products. When the statute was finally passed, the conservative party challenged it before the Constitutional Court. More than two hundred provisions were entirely or partially questioned. The conservative party even challenged provisions identical to those in the statutes of autonomy of other autonomous communities that it had endorsed. Certainly, more than a handful of provisions were questionable from a strict constitutional perspective, but there was no precedent for such a massive challenge against a statute of autonomy (which must be approved by the Parliament of Spain and in some cases, like in Catalonia, ratified by the electorate). Very symbolically, it also included a constitutional complaint against the definition of Catalonia as a national entity included in the preamble of the statute.

When proceedings before the Constitutional Court began, there was a succession of externally driven disruptions to the functioning of the Court. Said disturbances included direct and indirect attempts to condition judges' work and to alter the majority of the Court including requests for recusal of judges, aggressive press campaigns, leaks to the media of draft rulings, up to three-year-long delays to renew judges and legal amendments to keep the Presidency of the Court unaltered during the political deadlock.

The first struggle came about through constitutional appeals submitted by members of the Parliament belonging to the People's Party against amendments to the Organic Law of the Constitutional Court of 2007 and subsequent amendments to the Rules of the Senate. Those amendments aimed at offering the right to propose candidates to the Constitutional Court before the Senate to the assemblies of the autonomous communities and at keeping the Presidency and Vice-presidency of the Court unaltered while the partial renovation of the Court was delayed or in a deadlock. The proceedings of said constitutional appeals were extremely tense.[86]

First of all, in a letter, two constitutional judges requested that the President and Vice-President of the Court resign, allegedly for the content of the amendment itself and for the explanation given by them – an unprecedented step in and of itself. Second, the President and Vice-President of the Court abstained from adjudicating on the constitutionality of a provision that affected them. Third, five crossfire requests for recusal of constitutional judges were submitted: one by the Government against two judges, and the other by the applicants against three different judges. The recusals were not grounded on the individual lack of impartiality of the affected judges, but on their ideological or partisan adscription. The Court rejected the request for recusal against the three judges and accepted the recusals against the two judges that had asked for the resignation of the President and Vice-President.[87] As a consequence, the Court adjudicated on the constitutionality of the controverted amendments of such a relevant piece of legislation with only eight judges, the minimum quorum for the Court.[88] By a majority of five judges to three, it ruled that the amendments were constitutional.[89] The minority submitted tough dissenting opinions.

As far as the central struggle is concerned – the appeal of the statute of autonomy of Catalonia –, the final decision was rendered on 28 June 2010 by only ten judges, since one of them had been successfully recused[90] and other had passed away, not being replaced until 2012. Of the ten sitting judges, the term

86 See *Estrada Marún*, cit., pp. 281–290.
87 Orders 443/2007 and 81/2008.
88 Art. 14 of the Organic Law of the Constitutional Court.
89 Judgment 49/2008.
90 Order 26/2007, with regard to *Pablo Pérez Tremps*. On this Order, see *Luis E. Delgado del Rincón*, 'La recusación de los magistrados del Tribunal Constitucional (comentario

of office of four of them had long expired, since political deadlock had blocked the appointment process until the Constitutional Court could hand down its pending decision on the statute of autonomy of Catalonia. The Court did not start to return to normal until Judgment 31/2010 on the Catalonian statute was delivered, and four new judges were finally appointed after a delay of more than three years. They were finally sworn into office in January 2011.

In the meanwhile, the terms of office of four other judges had also expired. In June 2011, when the delay to appoint their successors had reached seven months, the affected judges tendered their resignation, which was ultimately rejected by the President of the Court to guarantee the continuity and stability of the institution.[91] In May 2012, however, it was the Court itself which, in a press note, insistently reminded of the constitutional duty to renew the Court on time and warned it would take steps, 'however drastic', to remedy the situation.[92] Finally, after a twenty-month delay, new constitutional judges were appointed in July 2012.[93]

Still, in June 2012 tensions again reached a peak – complete with press campaigns against constitutional judges – when the Court, by a slim majority of 6 to 5, allowed a hitherto forbidden Basque political party to take part in elections and annulled the prohibition by the Special Chamber of the Supreme Court.[94] In press declarations, one regional President in the conservative party harshly attacked the judge-rapporteur accusing her of manipulating the assignment of cases and of drafting a judgment of poor quality. She even asked for the transformation of the Constitutional Court into a chamber of the Supreme Court, a court that would be closer ideologically to the conservatives.[95]

This was the starting point for a populist outcry that has appealed to certain groups. Since then, other leading politicians from the centre-liberal party *Ciudadanos*[96] have called for the elimination of the Constitutional Court from

---

al ATC 26/2007, de 5 de febrero)', (2008) Revista Española de Derecho Constitucional 28, pp. 347–394.

91 *Estrada Marún*, cit., pp. 201–202.

92 *Estrada Marún*, cit., pp. 202–203.

93 In fact, one of these appointments corresponded to the vacancy left by the death of *Roberto García-Calvo Montiel* in May 2008, which was therefore filled after a delay of four years and two months.

94 Judgment 138/2012.

95 *El País*, 21 June 2012. https://elpais.com/politica/2012/06/21/actualidad/1340288816_772549.html.

96 *Albert Rivera* and *Juan Carlos Girauta*. See *El Mundo*, 20 August 2015. https://www.elmundo.es/espana/2015/08/20/55d4cbb646163f3c1c8b457b.html.

time to time. The emergent right-wing extremist party *Vox* has even formally included this proposal in its party programme. They convolutedly argue that the Court is politicised, in as far as its members are appointed by political parties and it amends the decisions of both the judiciary and the legislature despite not belonging to either. Nevertheless, as previously argued, the Constitutional Court is increasingly 'being captured' by the Supreme Court; this may be an indirect way of pursuing the transformation of the former into an extension of the latter.

3. Challenges from the territorial powers: two kinds of confrontation

National and territorial authorities have presented many clashes of jurisdiction to be adjudicated by the Constitutional Court. Two different kinds of clashes can be discerned: the 'ordinary' confrontation between national and territorial authorities about the interpretation of the Constitution on the extension of competences and powers that it is inevitable in any complex, multilevel polity, on the one hand, and the 'extraordinary' confrontation in which it is the supreme rule of the State itself which is rejected, on the other. The first type of confrontation may lead to contraventions, but a Constitutional Court should generally be able to solve them. By contrast, it is a much more difficult task for a Constitutional Court to address a direct challenge to its authority or the base of it, the normativity of the Constitution. The Constitutional Court raised the point in Judgment 259/2015 (legal ground no. 6) and repeated it in Judgment 114/2017 (legal ground no. 5):

This violation of the Constitution is not, as is usually the case with contraventions of our fundamental rule, the result of a misunderstanding of what the Constitution imposes or allows in a given circumstance, but rather the result of an outright rejection of the binding power of the Constitution itself, which has been expressly set at odds with a power claiming to hold sovereignty and to constitute the expression of a constituent dimension from which a blatant repudiation of the current constitutional system has taken place. This is an affirmation by an authority with pretensions of founding a new political order, and for that very reason, of being released from all legal ties.

This may not be a rhetorical distinction at all. Judgment 114/2017 argued that legal acts expressing an outright rejection of the binding power of the Constitution itself could not claim for themselves the presumption of constitutionality which generally accompanies any legislative act (legal grounds no. 2 and 5).

Both types of confrontation are not exclusionary: while the Constitutional Court was quashing declarations of sovereignty or independence or laws preparing for it, ordinary business went on in parallel at the Court and ordinary conflicts of power were solved, in many occasions, in favour of Catalonian institutions.[97] This confirms the above-mentioned conclusion that constitutional judges are restrained by factors other than party or ideological alignment (such as precedent, lack of discretion, dissent aversion, etc.), and that sometimes there is no room for them to reflect their political preferences in their decisions, even in dire circumstances.

a) The 'ordinary confrontation': the Basque Country as the primary agent

The relationship between the Constitutional Court and especially assertive autonomous communities, like the Basque Country or Catalonia, has never been easy.

One of the reasons for the speedy set up of the Constitutional Court in 1980 was the passing of the first two statutes of autonomy, those of the Basque Country and Catalonia, in 1979. From the very beginning, there was an awareness that adjudication through the Court would be very much required.[98] The Spanish decentralisation model, or 'state of autonomies,' is so open-ended that too much was devolved to the political process itself, with all the advantages and disadvantages that come along with it. The Constitutional Court has contributed enormously to the implementation and rationalisation of that process and, lastly, to the definition of the 'state of autonomies'.[99] Nevertheless, some autonomous communities, especially the Basque Country and Catalonia, do not accept the low-level decentralisation that the main State-wide political parties have come to endorse; they demand the effectiveness of devolution and the strict observance of all powers constitutionally entrenched to them. Additionally, cultural, educational and linguistic issues provide for further occasions for centre-periphery quarrels. All these factors together 'guarantee' an immense number of competence and territorial conflicts.

---

97 This was the case, for the last four years, of Judgments 25/2015, 61/2015, 85/2015, 7/2016, 18/2016, 20/2016, 87/2016, 95/2016, 120/2016, 9/2017, 34/2017, 53/2017, 54/2017, 68/2017, 79/2017, 81/2017, 110/2017, 152/2017, 14/2018, 15/2018, 30/2018, 33/2018, 55/2018, 62/2018, 64/2018, 69/2018, 71/2018, 88/2018 and 132/2018.

98 *Bonifacio de la Cuadra* wrote in *El País* of 30 December 1979 on the 'urgent need of the constitutional arbiter'. See *Bonifacio de la Cuadra*, Democracia de papel (Madrid: Catarata 2015), p. 32.

99 See *Ignacio Borrajo Iniesta*, 'Adjudicating in Divisions of Powers: the Experience of the Spanish Constitutional Court', in *A. Le Sueur* (ed.), Building the UK's New Supreme Court. National and Comparative Perspectives (Oxford: Oxford University Press 2004), pp. 145–72.

Even if they are committed to making federalism work, constitutional, supreme and supranational courts promote centralisation more than the autonomy of the relevant constituent parts.[100] This is understandable and, to some extent, unavoidable in all kinds of polities, even more so in traditionally unitary ones. Nonetheless, in comparative terms it is unique to the Spanish model that autonomous communities do not take a relevant part in the appointment of members of the body that adjudicates on centre-periphery disputes. It is crucial that the composition of the Constitutional Court reflect the interests and worries of the Spanish nationalities and regions, through the sensitivity and legal expertise of the constitutional judges, for a number of reasons (lack of participation of autonomous communities in federal legislation, lack of political and legal safeguards for autonomous communities other than the constitutional jurisdiction itself, the high number of competence disputes between the State and autonomous communities).

With regard to these general considerations, it may, perhaps, not be surprising that Basque institutions decided at some point not to challenge any more legal State acts before the Constitutional Court, as they considered that the constitutional jurisdiction was a less promising venue to solve disputes than negotiation in bilateral fora. What may be surprising is that this decision was adopted as early as 1989,[101] that is, even before the end of the first decade of operation of the Constitutional Court, and that this politics of abstaining from use of the constitutional jurisdiction lasted for twenty-two years, with the sole exception of the challenge brought by the Basque Government in 2002 against the Political Parties Act.[102] Of course, this decision by Basque institutions did not stop State

100 For an introduction to the subject, see *N. Aroney* and *J. Kincaid* (eds.), Courts in Federal Countries. Federalists or Unitarists? (Toronto: University of Toronto 2017). On the specific case of Spain, see two contrasting studies, the chapter by *E. Casanas Adam*, 'The Constitutional Court of Spain: From System Balancer to Polarizing Centralist', ibidem, pp. 367–403; and *J. López-Laborda, F. Rodrigo* and *E. Sanz-Arcega*, 'Is the Spanish Constitutional Court of the central government against the autonomous communities?', (2018) Constitutional Political Economy 29, 317–337.

101 The trigger was Judgment 124/1989, of 7 July, of the Constitutional Court, which adjudicated on the scope of autonomous communities' powers to manage the economic aspects of the national security system.

102 Judgment 48/2003. Three circumstances explain this exception: first, the challenge did not involve a clash of jurisdictions, but it was based on substantive constitutional grounds; second, since the two main political parties had agreed on the Political Parties Act, it was unlikely that any other institution holding locus standi would challenge it; and third, the de facto addressees of the Act were certain Basque political parties.

institutions from challenging legal acts passed by their Basque counterparts and from seeking their automatic suspension.[103]

Twenty-five years after the passing of the Constitution, Basque institutions began to stage a frontal collision between two claims of validity: the constitution-making power of the Spanish nation, on the one hand, and the right of the Basque people to freely decide on its future, on the other.[104]

The first deed that brought about this collision took place on 30 December 2004 when the Basque Parliament approved the draft 'Political Statute for the Community of the Basque Country' by an absolute majority – 39 to 35 –, with the opposition of the local sections of the socialist and conservative parties. Said draft purported an ambitious political accommodation of the Basque Country, on the basis of the recognition of a Basque identity and of the right to freely decide its future.

As it stands, Spanish autonomous communities do not enjoy the power to adopt their own autonomy statutes; they can merely approve a draft that has to be submitted for examination and approval to the Spanish Parliament, as with any other State law. Thus, in this case, the Spanish Parliament rejected the whole draft without further discussion in a totality vote on 1 February 2005; the central (socialist) government chose to politically deactivate the apparent conflict between types of legitimacy: constitutional rule of law and democratic legitimacy. The previous conservative Government, however, had attempted to stop the reform process at its very beginning in 2003, challenging both the approval of the draft statute by the Basque Government and its admission for discussion in the Basque Parliament – the first legal actions in a long and complex procedure. The Constitutional Court did not admit these suits for a hearing since it considered them preventive and incompatible with the right to free discussion

103 Another imbalance of the Spanish constitutional jurisdiction concerns the different position of autonomous communities and State organs with regard to interim relief. Laws and acts of the state institutions remain effective while pending the case after they have been challenged before the Court, but laws and acts of autonomous communities can be suspended automatically if the state government simply so wishes. The Court has a five-month period to confirm or to lift the suspension.

104 On these developments, see *X. Arzoz*, 'Verfassungsentwicklung im Baskenland (2000–2009)', (2011) Jahrbuch des öffentlichen Rechts, vol. 59, pp. 603–634, and 'Autonomy and Self-determination in Spain: a constitutional law perspective', in Peter Hilpold (ed.), Autonomy and Self-determination – Between Legal Assertions and Utopian Aspirations (Cheltenham: Edward Elgar 2018), pp. 447–482.

of political issues in parliamentary democracy,[105] avoiding this clear attempt at instrumentalisation of the constitutional jurisdiction in this political struggle.

The second deed took place on 27 June 2008; the Basque Parliament passed a law concerning the regulation on and the calling of a popular consultation, in order to consult the people on the initiation of a negotiation process to achieve peace and political normality. The law reflected the same conceptions underlying the failed draft Statute: the right of the Basque people to freely decide their future, a bilateral relations model between the State and the Basque Country, etc. In less than four weeks after its publication, the Constitutional Court had unanimously declared the law unconstitutional on competence, substantive, and formal grounds.[106]

In both cases, the attitude of Basque institutions was fully respectful of the language of the Constitution. They provocatively explored the limits of the constitutional framework on the basis of their political conceptions but did not dare to break with it. In particular, they did not disobey a single Constitutional Court ruling, not even the one declaring the law calling for a popular consultation unconstitutional and voiding it. The Basque nationalist party realized that they had driven into a dead-end road and pulled back. This was not very difficult since both failures had been the sole initiative of the then President of the Basque Government and, in the elections that soon followed, another party took over the Government; as a consequence, the former President retired from the front line of politics and paved the way for his party to reshape the agenda.

b) The 'extraordinary confrontation': the Catalonian secessionist movement

Traditionally, political life in Catalonia has been less tense and polarised than in the Basque Country for several reasons – above all, due to the absence of

---

105 Order 135/2004. Five judges formulated a total of three dissenting opinions. For commentary in English on Order 135/2004, see *Silvia Acierno* and *Julio Baquero Cruz*, 'The Order of the Spanish Constitutional Court on the proposal to convert the Basque Country into a freely associated community: Keeping hands off constitutional politics', (2005) International Journal of Constitutional Law 3, pp. 687–695.

106 Judgment 103/2008. In this regard, see *Alberto López Basaguren*, 'Sobre referéndum y Comunidades Autónomas: la Ley vasca de la "consulta" ante el Tribunal Constitucional (consideraciones sobre la STC 103/2008)', (2009) Revista d'estudis autonòmics i federals 9, pp. 202–240; *Javier Corcuera Atienza*, 'Soberanía y autonomía. Los límites del "derecho a decidir"', (2009) Revista Española de Derecho Constitucional 86, pp. 303–341; *Javier Tajadura Tejada*, 'Referéndum en el País Vasco', (2009) Teoría y Realidad Constitucional 23, pp. 363–385.

terrorist activities against large segments of the population –, and Catalonian political forces and institutions have generally tended to avoid confrontational and dissonant tones in their relationship with central institutions. The reform process for their statute of autonomy was also less disruptive than the Basque one – which failed resoundingly – both in substantive and procedural terms, in so far as it aimed to maximize its autonomy within the constitutional framework; the draft was carefully prepared, drafted, discussed, and bargained in Catalonia over three years (2003–2006), and the final text was bargained with, and passed by, the Spanish Parliament and later ratified in a referendum by the Catalonian people.[107]

Nevertheless, as previously mentioned, the statute of autonomy was unprecedentedly challenged before the Constitutional Court by the People's Party. When the five hundred-page-long Judgment 31/2010 of the Constitutional Court on the constitutionality of the Catalonian Autonomy Statute was finally delivered on 28 June 2010[108] – four years after the challenge had been brought –, it disappointed many groups, though for opposing reasons.[109] It annulled fifteen provisions, although in most cases not completely but with regard to specific aspects, and imposed a consistent interpretation on twenty-four further provisions. The sum

107 See *Xabier Arzoz*, 'Das Autonomiestatut für Katalonien von 2006 als erneuter Vorstoß für die Entwicklung des spanischen Autonomiestaates', (2009) Zeitschrift für ausländisches öffentliches Recht und Völkerrecht 69:1, pp. 155–193; and *César Colino*, 'Constitutional change without constitutional reform: Spanish federalism and the revision of Catalonia's statute of autonomy', (2009) Publius: Journal of Federalism 39:2, pp. 262–288.

108 A partial translation of the judgment into English can be downloaded in http://www.tribunalconstitucional.es/es/jurisprudencia/restrad/Paginas/JCC2862010en.aspx.

109 Spanish bibliography on Judgment 31/2010 is large. Four Spanish legal journals devoted special issues to the judgment: (2010) Revista catalana de dret públic, special issue; (2011) Revista d'Estudis Autonòmics i Federals 12; (2011) Teoría y Realidad Constitucional 27; and (2011) Revista de Estudios Políticos 151. In addition, see *Rosario Tur Ausina* and *Enrique Álvarez Conde*, Las consecuencias jurídicas de la sentencia 31/2010, de 28 de junio del Tribunal Constitucional sobre el Estatuto de Cataluña: la sentencia de la perfecta libertad (Cizur Menor: Aranzadi-Thomson Reuters 2010); *Enrique Álvarez Conde* and *Cecilia Rosado Villaverde*, Estudios sobre la Sentencia 31/2010, de 28 de junio del Tribunal Constitucional sobre el Estatuto de Autonomía de Cataluña (Madrid: Universidad Rey Juan Carlos 2011); *Pierre Subra de Bieusses*, 'La sentence du Tribunal constitutionnel espagnol sur le statut de la Catalogne (à propos de la décision du 28 juin 2010)', (2011) Revue du droit public et de la science politique en France et à l'étranger 4, pp. 935–963.

of annulations and consistent interpretations deprived key aspects of the reform of their meaning and legal effects.

Judgment 31/2010 unleashed a yet-unfinished cycle of tension with, and within, Catalonia. After several massive demonstrations, the Catalonian authorities initiated a unilateral move towards secession from Spain. Since then, all of their challenge initiatives have been declared unconstitutional and void by the Constitutional Court, decisions which were subsequently ignored and disobeyed by further unilateral actions. Overturned decisions include: various laws and regulations on referenda (Judgments 31/2015, 32/2015 and 51/2017); several parliamentary resolutions proclaiming Catalonia's sovereignty (Judgment 42/2014), initiating or preparing a constituent process (Judgment 259/2015 and Orders 141/2016, 170/2016 and 24/2017) or reaffirming its political objectives against their annulment by the Court (Judgment 136/2018); the holding of a public, informal consultation in November 2014 (Judgment 138/2015); the holding of a referendum on independence on 1 October 2017 (Judgment 122/2017); a law calling for a specific referendum on self-determination (Judgment 114/2017); a law ruling on the transition to a Catalonian Republic (Judgment 124/2017); and even a parliamentary declaration of independence on 27 October 2017 (Order 144/2017).[110]

The series of legal acts and resolutions quashed by the Court in the short period of three years is impressive. The legal and political challenge to the supremacy of the Constitution and the authority of the Constitutional Court has been immense. The constitutional jurisdiction itself does not provide adequate remedy for such a colossal challenge. Different venues, both criminal[111] and constitutional law remedies, have been used and tested to meet the challenge. This text, however, focuses on constitutional law remedies, as they directly affect the role and independence of the Constitutional Court, starting with the reaction of

110 The web site of the Constitutional Court provides an English translation for the most relevant of these decisions.

111 Over twenty people including the former President and various ministers of the Government of Catalonia and the former President of the Parliament of Catalonia have been criminally prosecuted for serious crimes including rebellion, sedition and disobedience connected with the holding of a forbidden referendum on 1 October 2017. Nine of them have remained detained pending trial for, so far, more than twelve months. The Supreme Court will rule on the case against eighteen of them by the summer of 2019; the National High Court in Madrid and the High Court of Catalonia will try the remaining people.

the Constitutional Court to the secessionist challenge and later addressing the measures of the Spanish Government.

aa) The first reaction of the Constitutional Court to the secessionist challenge was at the very beginning of the process on 25 March 2014. The Court gave a principled response. The Constitutional Court reminded that [t]he Constitution does not expressly cover, nor can it cover, all the issues that may arise in the constitutional order, particularly those derived from the wish of part of the State to alter its legal status. Issues of this kind cannot be resolved by the Court, whose task is to ensure that the Constitution is strictly complied with. Thus, the public powers, to particularly include the territorial powers included in the Autonomous State, are the ones entrusted with resolving any matters arising in this field, through dialogue and cooperation.[112]

This appeal to dialogue and cooperation was like 'preaching in the desert'. Neither the central government nor Catalonian institutions showed readiness for dialogue. It can be argued that Catalonian institutions were induced, by the Government's inaction, to persevere on their secessionist route. In any case, they started to disobey the Constitutional Court rulings and orders, and the Court's discourse changed accordingly.

The main argument behind the series of legal acts and resolutions quashed by the Court is that Catalonian institutions would have received a 'democratic mandate from the electorate' which would bestow on them the highest legitimacy to proceed accordingly, even unilaterally.

From a democratic point of view, this claim is not backed by evidence. Although regional elections conducted in September 2017 were seen as a plebiscite by secessionist political forces, and political parties advocating secession even obtained a narrow majority of the seats of the regional Parliament, they did not achieve a majority of the votes (48 %). The central government intervened in the functioning of the autonomous community, and new elections were held in December 2017. However, electoral results were similar. Political reality is sometimes stubborn. Said results correspond with neither the 'clear majority' principle elaborated by the Canadian Supreme Court in the opinion on Quebec[113] nor the 55 %-of-the-votes rule required by the European Union to recognise the outcome of the independence referendum in Montenegro in 2006 nor even with

112 Judgment 42/2014. On this judgment, see *Víctor Ferreres Comella*, 'The Spanish Constitutional Court Confronts Catalonia's Right to Decide (Comment on the Judgment 42/2014)', (2014) European Constitutional Law Review 10, pp. 571–590.

113 Reference Re Secession of Quebec (20 August 1998), No. 25506 (S.C.C.), paras. 92 and 151.

the two-thirds majority within the Parliament of Catalonia required to reform the statute of autonomy of Catalonia.[114]

From a constitutional perspective, insistence on the democratic legitimacy of one's political aspirations represents a rather old form of populism. In fact, the outcome was very similar to some developments of the last few decades in South America where when left-wing movements were unable to obtain the necessary majorities to implement their projects, they generated a constitution-giving process to overwhelm the opposition and free themselves from constitutional limits. Similarly, Catalonian secessionist forces acted as if they had received a democratic mandate from citizens, and that democratic mandate was given the significance of constitution-giving momentum, allowing lawmakers to proceed towards secession from Spain undisturbed by conflicting rules in the existing constitutional order; those disagreeing with said interpretation and opposed to these secessionist acts were labelled undemocratic.

Apart from establishing the substantive grounds for the unconstitutionality of the Catalonian institutions' legal acts and resolutions appealed before it, the Court expressly tackled their alleged democratic foundation, that is, the confrontation between the supremacy of the Constitution and the democratic legitimacy of the aspirations of the Catalonian people. In Judgment 259/2015 (legal ground no. 5) the Court stated:

In the social, democratic and rule-of-law-based State founded by the 1978 Constitution, democratic legitimacy cannot be placed at odds with constitutional lawfulness to the detriment of the latter: the legitimacy of an action or policy of a public authority basically lies in whether it complies with the Constitution and the legal system. If one does not obey the Constitution, one cannot claim any legitimacy whatsoever. In a democratic conception of power, there is no other legitimacy than that established in the Constitution.

Additionally, the principle of democracy – one of the highest values of our legal system set forth in Article 1.1 CE […] – being a constitutional principle, cannot be construed in isolation from the rest of the constitutional system and its processes. As we will now go on to explain, the unconditional supremacy of the Constitution is what safeguards democracy, in that it is a source of legitimacy, due to its content, and because it contains procedures for its reform.

[…]

---

114 Art. 222 of the Statute of Autonomy of Catalonia. Nevertheless, a majority of two-thirds in the Parliament of Catalonia is not enough; the Spanish Parliament by a vote and the Catalonian people through a referendum must also approve the proposed reform.

bb) Precisely because the rule-of-law-based State is based on the principle of democracy, and as a result of safeguarding democracy itself via the rule of law, the Constitution is not an intangible or unchangeable legal text. In providing for constitutional reform, as will be expanded on further below, it recognizes and channels aspirations – fully legitimate within the constitutional framework – that seek the revision and amendment of the Constitution as established in Articles 167 and 168 CE.

From all of the foregoing it can be inferred that the alleged democratic legitimacy of a legislative body cannot be set at odds with the unconditional supremacy of the Constitution. The text of the Constitution reflects the pertinent manifestations of the principle of democracy, which cannot, therefore, be exercised beyond the bounds of the Constitution (STC 42/2014, Ground 4 a). Therefore, the legal system, with the Constitution at its pinnacle, cannot, under any circumstances, be considered a limit to democracy, but rather as its very safeguard.

Similarly in Judgment 114/2017 (legal ground no. 5), though a bit more expeditious since at this time the legal act appealed was not a mere resolution of the Parliament, but Law 19/2017, of 6 September 2017, so-called "on the self-determination referendum":

[...] by giving up – as stated in Ground 2 of this judgment – any presumption of constitutionality, the autonomous assembly is not entitled to legitimately claim obedience to this Law. A power which expressly refuses the law, also denies itself the possibility to be an authority worthy of observance.

cc) The response of Spanish State-level institutions has been, obviously, less rhetorical and more imperative. The Spanish Constitution provides enough instruments for the political defence of the constitutional order: the proclamation of states of alarm, emergency and siege (Art. 116) and the adoption of coercive measures against an autonomous community (Art. 155). Nevertheless, the Government preferred to first explore the development of the instruments for the juridical defence of the Constitution, probably with the idea that, in this way, it would avoid its political wear and tear.

With the unique Catalonian case in mind, public opinion was persuaded to believe that the Court's rulings were not being duly complied with. Up to that point, the execution of the Court's decisions was ruled by a general provision empowering the Court to take all necessary measures to execute its decisions.[115]

---

115 Art. 92 of the Organic Law of the Constitutional Court. The reading of this provision was originally the same one as in paragraph 35 of the German Law of the Federal Constitutional Court, from which it was taken.

Nevertheless, it was considered to be insufficient or ineffective. Thus, in October 2015, with only the votes of the governing People's Party, the organic law of the Constitutional Court was amended to provide the Court with extended execution powers for its judgments, which can be used either at the Court's own motion or at the behest of the parties. To guarantee the 'effective fulfilment' of the Court's rulings, the new powers include the temporary replacement of any authority or public official that does not comply with a Court's ruling, the ordering of substitutive execution by the central government, and an increase in the amount of fines up to 12,000 euros.[116] The Basque Country and Catalonia challenged the amendment. The Court declared the new powers to be consistent with the Constitution[117] and later even used them for the first time to enforce its prohibition of the referendum on independence of 1 October 2017.[118] Nevertheless, the Venice Commission raised doubts on the attribution of said powers to the Constitutional Court, declaring it to be unusual in European constitutional jurisdiction models on the grounds that 'the attribution of the power of execution of its decisions to the Constitutional Court may seem to be an increase of power at first sight. However, the division of competences of adjudicating on the one hand, and of executing its results [on the other,] strengthens the system of checks and balances as a whole, and in the end, also the independence of the Constitutional Court.'[119]

In the end, the extension of the Court's execution powers was not enough. The continued disobedience of the Constitutional Court's rulings prompted the State Government, with the previous approval of the Senate, to adopt exceptional measures of coercion against Catalonia's Government and Parliament under Art. 155 of the Constitution and to call for new elections in Catalonia on

---

116 See Art. 92 of the Organic Law of the Constitutional Court, as amended by Organic Law no. 15/2015, of 16 October 2015.

117 Judgments 185/2016 and 215/2016, both with three dissenting votes.

118 Orders 126/2017 and 127/2017. In 2018, the 3rd Section of the European Court of Human Rights dismissed the individual application no. 70219/17, Montserrat Aumatell i Arnau vs. Spain, submitted by one of the individuals whom a daily penalty (*astrainte*) of 6,000 euros had been imposed to achieve the full compliance with a Constitutional Court's previous injunction not to take part in the electoral supervision of the unconstitutional referendum of 1 October 2017; nevertheless, the penalty had been lifted since she resigned immediately from the electoral body she had been appointed to, before she submitted her individual application to the ECHR.

119 Opinion 827/2015 of the European Commission for Democracy Through Law (Venice Commission), on the Law of 16 October 2015 amending the Organic Law no. 2/1979 on the Constitutional Court, point 77. Strasbourg, 13 March 2017.

27 October 2017. This has yet to help clear up the situation; the elections held in December 2017 resulted in the same composition of the Catalonian Parliament, with a majority of the popular vote going to non-secessionist parties and a majority of seats going to Catalonian secessionist parties. In any case, the new Government has not broken with the old one nor with its plans of secession.

IV. Conclusion

A Constitutional Court cannot remain totally insulated from political actors. In all democracies, appointment of constitutional judges is reserved for political organs, mainly legislative chambers, as a means to guarantee the legitimacy of the institution. Over the short history of the Spanish Constitutional Court, there have been better periods and worse periods as far as its independence is concerned. The judges of the Constitutional Court have the duty to defend their impartiality and their dignity against interference (Art. 22 of the Organic Law of the Constitutional Court). Nevertheless, criticism of politicisation should not be directed only at the Court. It is not the Court which politicises itself, but rather leaders of political parties and the media who try to interfere. The independence and proper functioning of a Constitutional Court is not only a matter of institutional design, but above all, a question of ethics and self-restraint. Both cultural changes and institutional reforms are necessary.

A minimum reform package for improved independence and functioning of the Spanish Constitutional Court should include the following elements. First, political parties should progressively eradicate the culture of appropriating posts in constitutional bodies such as the Constitutional Court. To that effect, more transparency in the selecting procedure, more autonomy for parliamentarians to propose and veto candidates, and more control by civil society may be instrumental in this regard. Second, constitutional judges must only be appointed by the two legislative chambers of the State, given that segmented election of judges has not prevented their patrimonialisation by political parties. Third, half of the judges should be elected by a Senate that truly represents the autonomous communities, and in that election, expertise and sensitivity in the promotion of autonomy should be decisive. Fourth, a limitation on the number of career judges sitting on the Court and a retirement age for constitutional judges, consistent with that governing the retirement of university professors and judges of the Supreme Court, should be established, and last but not least, political parties must let the Court do its job.

A Constitutional Court has relevant tasks to fulfil in a democracy, but it cannot solve all the problems that may arise in a constitutional order. It is not an alternative nor does it provide institutional compensation for failing constitutional dialogue or lacking constitutional amendments, nor does it increase the Constitutional Court's authority to make it the only venue for dealing with serious challenges to the normativity of the Constitution, challenges that constitute a deep-seeded political problem.

Eivind Smith

Ordinary judges as constitutional judges: Norway*

Thanks a lot for the invitation to Trier and for your nice words of welcome to this talk about certain aspects of ordinary judges as constitutional judges. I will pay particular attention to Norway, but within the framework of a more general approach.

The lecture makes part of a series on "Rechtsstaatsprinzip versus Demokratie". Both words refer to complex notions to which we adhere without necessarily agreeing about any possible aspect. At this occasion, I have no ambition to contribute substantially to the discussion on any of them. At the same time, I believe that they may provide useful lighthouses on our way to more particular issues and hope that you will find some traces of that if what follows.

In this series, you have heard a lecture about Greece, a country with no separate constitutional court, but with a specialised institution at the crossroads between the two "ordinary" supreme judicial instances. Other speakers have presented the full-fledged specialised constitutional courts of the Czech Republic and Spain. The last few years, the Spanish one has been particularly visible regarding its role on the way to the ongoing Catalonian crisis.

In Norway, there is a single-tired judicial system with a single supreme instance on its top and no constitutional court. The Supreme Court of Norway serves as the final instance in all fields of law. Insofar as a case gives raise to questions where norms of a constitutional rank are part of the arsenal needed for providing an answer, its powers include matters related to constitutional law. In such cases, its members act as constitutional judges. As we shall see, however, this does not make the Supreme Court itself a "constitutional court".

The absence of a specialised constitutional court is common for the Scandinavian countries. For Sweden (and Finland), with two-tired judicial systems, this holds true even if a single final instance might be needed in cases where the two supreme courts come to irreconcilable conclusions in matters of constitutional

---

* Schriftliche Fassung des Vortrags, den der Autor im Rahmen der Ringvorlesung „Rechtsstaatsprinzip vs. Demokratie“ am 21. Januar 2019 an der Universität Trier gehalten hat.

interest. Interestingly enough, however, no such situation has yet surfaced in practice.

In Norway, Denmark and Iceland, the presence of just one Supreme Court makes the situation in this respect somewhat simpler.

As a contribution to understanding why the absence of separate constitutional courts is not generally considered a problem, the distinction between a "Rechtsstaat" and a "Gesetzstaat" may prove useful. As Norway is a unitary state, we leave the complexities raising from federal systems of law aside.

In a hierarchal system of legal norms, you have the constitution on top (or at the basis, as rightly suggested by the word "Grundgesetz", in Scandinavian: "grunnlov"). One of the characteristics of a genuine "Rechtsstaat" would be that the constitution counts as positive law in the sense of being applicable even by judges.

Simplifying a bit, the next level in the hierarchy consists of ordinary statutes. In a pure "Gesetzstaat", statutory law would be at the highest level among those within the cognizance of the judiciary, provided – of course – that they are adopted according to the institutional and procedural norms laid down by the constitution. By the way, such a system corresponds perfectly with the overall comparative pattern before World War II.

A "Gesetzstaat" may well provide for a good society. In many respects, this fits to the Scandinavian states, that are best understood as political orders run by ordinary majorities by means of statutory law (and money). Norway and its neighbours regularly appear on the top of international rankings regarding welfare, human rights, freedom of expression and the like. In the sense that good societies require good institutions, it is understood that such relative successes are built on the relevant constitutions. When it comes to substantive solutions, however, the present quality of these societies is not primarily due to constitutional norms or court action. Instead, it primarily stems from the political culture as manifested through a series of majority decisions coined by statutory law.

The judiciary may certainly provide useful supplements in the struggle for ensuring social stability, etc. within a system fulfilling basic requirements of the kind often referred to as "rettssikkerhet" or the rule of law. However, it is far from being the main actor when it comes to creating the substantive elements of a good society.

In this sense, Norway is primarily a "Gesetzstaat" patiently built by political will and political cultures. A high level of social trust provides one of its prime conditions: We tend to trust each other. To an extent that is far from evident in every part of the world, we even tend to trust the government.

However, the preceding observations do not completely elucidate the "Rechtsstaat" understood as a system where the constitution counts as positive law applicable even by courts. All three Scandinavian states now have systems of judicial review handled by ordinary courts with one Supreme Court as the last instance, as in Denmark and Norway (and Iceland), or with two supreme courts, as in Sweden (and Finland). However, the Norwegian "Rechtsstaat" has been around for 200 years. By contrast, judicial review of legislation was introduced in Denmark by jurisprudence a century later (in the early part of the 20th century), whereas the Swedish system emanates from constitutional amendment in the late 20th century.

When adopted in 1814, the Constitution actually constituted the modern state of Norway as opposed to the state that enjoyed its high tides in the Medieval Age. Unlike hundreds of constitutions adopted towards the end of the 18th and in the early 19th century, it actually managed to establish a lasting state. Its key political institutions – the Supreme Court of Norway included – functioned throughout the period of 90 years within a kind of personal union with Sweden. In political terms, however, the split between the "united" kingdoms was considerable and steadily growing.

The constitution did not mention judicial review of the constitutionality of statutory law. The silence did not stay in the way, however, for the Supreme Court to behave as if such a power existed. In fact, it started to refer to the constitution in a way testifying about its status as positive law, a few years only after the adoption of the Constitution (around 1820). Some early cases even show that the Court actually used the constitution as a ground for not applying statutory law against private people. We may thus count the Norwegian system of judicial review of legislation as Europe's oldest.

Historically, the bourgeois constitutions of the 19th century were considered as political instruments regulating the relevant state apparatus, but not counting as positive law within the cognizance of judges. You could not call upon a judge for saying that a statute was inapplicable because it was against the constitution.

At the national level at least, the only counter-example before Norway was the Marbury v. Madison 1803 decision by the US Supreme Court. However, the verdict did not produce any significant practical effect before the system started to unfold after the Dred Scott case (1855) that, by upholding slavery, contributed to paving the way for the U.S. civil war.

In the meantime, the Norwegian system of judicial review emerged. The development in case law is even reflected in successive waves of public discussion over the Supreme Court's activity in the field of constitutional law, namely in the 1840s and 1860s. One of the consequences was the final adoption, in the early

1860s, of a statute by which Parliament literally imposed that the members of the Supreme Court provide and make available the reasoning underpinning their decisions, dissenting opinions included. The purpose was to achieve more transparency (as we would now coin it) allowing increased possibilities for public control of the judicial institution.

A few years later (1866), the Supreme Court for the first time publicly exposed the existence of judicial review of legislation as a part of the Norwegian legal system. In essence, the majority of the judges, with the Court president as their principal spokesman, declared that insofar as they knew their constitutional law and former court practice, the constitutional norm should be preferred if both the Constitution and a irreconcilable statutory provision applied to the resolution of a case. Of course, the invocation of a hierarchy of legal norms comes close to the argument used by U.S. Chief Justice Marshall in the Marbury case. What both really did, however, was primarily to establish the constitution as positive law within legal systems where its text provided no support for a similar solution. Only when this step is accomplished, the hierarchical superiority of the constitution provides a decisive argument.

The state authorities' relative passivity in most of the 19th century heavily conditioned the further development of judicial review. In fact, they were far from adopting the kind of interventionist approach that most Europeans later have come to know. This created few opportunities for the judiciary to deal with cases featuring the constitutionality of statutory law. Little by little, however, the practice nevertheless developed, thus providing solid ground for what was to happen after Norway's unilateral break-up of the personal union with Sweden by a sort of coup in 1905 (luckily, the separation was consumed without warfare by virtue of a treaty concluded in the autumn of the same year).

Once the "union question" finally buried, Norwegian politics could fully turn to other matters. Questions about regulating old and new kinds of economic life (working conditions, the influx of foreign capital created by new possibilities of exploiting Norway's extensive hydropower resources, etc.) came to the forefront. Of course, this stirred resistance and gave rise to a series of cases in which the Supreme Court frequently found the application of the relevant pieces of legislation unconstitutional. In the next turn, the judgments stirred political reactions. The kind of constitutional "activism" deployed in these cases contributed to shaping the outcome of a famous 1918 case where the majority in the Supreme Court concluded on the constitutionality of a statutory provision considered as particularly important. In its aftermath, the Supreme Court gradually showed less appetite for setting legislation aside on constitutional grounds.

In sum, thus, it is possible to see the some 15 years after 1905 as the Norwegian version of the admittedly more famous "New Deal fight" between U.S. President Roosevelt and the Supreme Court twenty years later.

Then came (as you know) the German occupation. After its end (1945), Norway entered a high tide of social democratic politics, influenced by a wide-reaching determination to reconstruct the society. During the first two or three decenniums of this period, the Supreme Court never intervened against a statute, not even in a few cases where quite a few of us think that an opposite conclusion would have be preferable.

To some extent at least, we may explain this rather reluctant attitude by the widespread adherence to an idea of democracy understood as majority rule with little leeway for the judiciary to call upon the constitution against statutory provisions adopted precisely by the majority in Parliament. Instead, the Court sometimes preferred to let contested provisions pass by interpreting the constitution reductively.

In the beginning of the 1970s, however, a slight majority in Parliament adopted a statute with the aim of reducing the amount of compensation in cases of expropriation of private property. The key provision gave rise to a series of court cases concerning the question whether applying it would contradict the requirement of "full compensation" according to Article 105 of the constitution.

In the landmark 1976 judgment, the Supreme Court sitting in plenary found itself split in two opposing blocks of almost equal size. In essence, the majority said that making use of the limitation envisaged by the statutory reform would be unconstitutional. However, the contested provision was not formally set aside. Instead, the majority said that application would not raise constitutional problems insofar as the statute be understood and applied in the particular way indicated by the Supreme Court.

The interpretation was hard to defend in light of the wording and purpose of the statute, but necessary for defending the constitutionality of the statutory provision.

Recurring to constitution-conform interpretation allowed the Court to avoid a kind of open conflict to Parliament. Given the history of judicial review after 1918 (and 1945), we may sensibly suppose that this was the very purpose of this choice. The members of the Supreme Court of Norway were – and remain – ordinary judges appointed because they are considered skilful in penal law, civil procedure or other branches of "ordinary" law, not because they possess any particular knowledge of constitutional law or experience from the political arena. This particular case appeared in a climate still impregnated by the idea of democracy as majority rule. Why not suppose that it was decided by judges that were still in some doubt about their own legitimacy to overturn majority decisions by Parliament?

We nevertheless tend to regard the 1976 decision as the starting point for the subsequent development of jurisprudence; after all, it ended by turning the key statutory provision down by substance. Later on, the climate has gradually but manifestly changed in a way making Norwegian judges more self-confident when exercising judicial review.

International influences provide one reasonable explanation. During many years, judges were generally reluctant to intervene against acts of Parliament on behalf of the constitution of Norway, even if that constitution is quite flexible in the sense of not too difficult to amend. At the same time, they were the more and more ready to intervene against national legislation on behalf of the European Convention on Human Rights. That combination gradually appeared as a paradox, however: If you have ideological concerns about calling upon your own constitution, how do you defend intervening on behalf of a treaty that Norway could not unilaterally change?

Next, the idea about fundamental rights grew steadily stronger even in a Scandinavia that had tended to think that human rights protection was more for "the others" than for these inherently good societies in North-Western Europe. Sometimes, the argument even went that favouring human rights provisions at home is not important in itself but worthwhile to establish examples for the world.

Concomitantly with national judges getting more and more familiarised with Strasbourg and Luxembourg based judges that review domestic legislation with no exorbitant concern for the "democratic legitimacy" of their action, such kinds of reasoning have pretty much faded away. Together, direct or indirect international influences have contributed to raise the self-confidence of Norwegian judges in general towards politics and to refamiliarise them with the task of reviewing statutory law in the light of the constitution.

Three "big" cases decided in 2010 by the Supreme Court in plenary sittings largely contribute to comforting a similar impression. All of them built on the general non-retroactivity clause in Article 97 of the constitution. Two of them carried on statutory provisions adopted with only slight majorities in Parliament after harsh debates on their constitutionality, a rather uncommon feature in Norway. In the third case, an almost unanimous Parliament had adopted the relevant statutory provision.

The three cases have in common, however, explicit declarations that Parliament's thorough consideration of the constitutional questions at stake did not suffice for making the statute constitutional. Acting under sharp dissent, the relevant majorities among the judges went on by saying that the contested provisions were clearly in violation of the Constitution. They did not, as in 1976, hide behind some form of constitution-conform interpretation of the statute. This happened even if the relevant cases were of considerable financial (the first and the second case) and/or principal importance.

The second case may reasonably be qualified as particular. It carried on one of the few parts of the constitution that stays unamended since 1814, a provision establishing that what remains of the medieval church property (farms, forests, money ...) should only be used to the benefit of the clergy and for education. In the course of the two centuries that had passed, however, a regime of state payment for clerics has taken over and an extensive system of public schools and universities is established. As the *raison d'être* of the constitutional clause had faded away, the government argued that parts of the landed property could be sold out to people that had built their houses on rented ground on more beneficial conditions than what would otherwise have been the case. In the Supreme Court, a small minority accepted this argument and voted for a "creative" interpretation according to which the clause could no longer be applied. In essence, however, the huge majority said that beneficial selling out was against the constitution insofar as Parliament itself had not succeeded in amending the relevant clause accordingly.

The third case regarded non-retroactivity in a case about crimes of war and against humanity. As the parliament of Norway is very much against both, the legislative reform was politically uncontroversial. It nevertheless raised legal concern because the statutory amendment that introduced the above-mentioned qualifications in the penal code had been adopted with the intent of making itself applicable even on acts committed before the statute entered in force. In practice, the question appeared during the trial of a person who had taken part in given atrocities in the war in Yugoslavia in 1993 on behalf of the new penal clause. The Supreme Court found it clear that applying the clause in a similar situation would violate the ban on retroactivity.

In the ensuing debate, no one suggested that the Supreme Court acted in defence of war crimes and the like. The fact that the principal spokesperson for the majority enjoyed a high degree of legitimacy in the field of human rights probably helped at least some observers understand that the legal point was not about crimes of war, but about defending the constitution at a point crucial for the rule of law. A well noted author in the field, he had actually served several years as the president of the Rwanda tribunal (and later became a member of the Strasbourg Court for Norway).

Before moving further, a few words about the technical character of the Norwegian system of judicial review may be useful. A comparison with patterns typical for specialised constitutional courts may be of some help: In Norway, the judiciary exercises review only *ex post,* in cases where the application of a statute already adopted opens some space for argument about the constitutionality of the relevant provisions. The review is of a concrete nature with no right to bring disputes over the constitutionality of statutory provisions as such to court (abstract review). It follows that formally, the verdict has binding effect only for the parties to the case, not *erga omnes.* If needed, it is for the law-making authorities to draw the necessary conclusions from the verdict by amending or abolishing the clause.

In Norway, however, Parliament will always accept a verdict by the Supreme Court and give the meaning of the relevant part of the constitution as spelled out by the Court, full effect by changing the law in accordance. In that sense, we could say that in practice, the judiciary in fact decides on constitutional matters with *erga omnes* effects.

The three above-mentioned 2010 decisions have contributed to confirming the Supreme Court as a much more open political actor than before. At the same time, the Court shows a growing willingness to cultivate its role as a court of precedent much more than as a mere appellate instance. If we understand the word as indicating landmark decisions the main legal message of which should be followed in subsequent, reasonably similar cases, establishing precedents is a common task for supreme judicial instances. However, the line sometimes is thin towards decisions in which the reasoning provides statements about general norms clearly beyond the needs had the Court satisfied itself with resolving the particular issue at stake.

Recurring to lengthy reasons intended to "solve" questions that do not really appear in the individual case, the Court inevitably enters the field of general law making. However, general law making is a core political function. This qualification holds if the "law" developed by the judiciary belongs to the level of ordinary statute, i.e. norms that the majority in Parliament is free to amend. It becomes even more evident if the judge-made norms belong to the field of constitutional law: If taken seriously, such norms bind the successive majorities in Parliament in their ordinary law-making activity. They can be amended or quashed only by amending the constitution.

Who are these judges that use their status as members of the Supreme Court to undertake a more political role? As already indicated, ordinary judges in Norway act with powers that encompass any possible field of law. There is almost no intra-court specialisation; for instance, the system does not regard certain judges better suited for dealing with administrative law cases than other judges. The judiciary is simply organized on three different levels (local, appellate and supreme). Within each tribunal, the Supreme Court not exempted, the members circulate between different types of cases according to time priority or other methods with no bearing on the individual case.

Most cases never pass the two first levels. The Supreme Court has managed to bring its caseload down to less than 100 per year (of course the workload is higher for the formation charged with petitions and certain types of procedural questions).

Like any other permanent judge, its members are appointed by the King in council, an institution that now – politically speaking – means the government, whereas the king accepts and signs the government's proposals. The appointments take place upon advice from a consultative body dominated by judges and other legally trained members, advice that the government follows in nearly every case. In contrast to a current pattern during the system's formative period in the 19th century, contemporary members of the Supreme Court have no political experience whatsoever and intimate knowledge of constitutional law is not required. The last former minister left the Supreme Court some 40 years ago, and the relevant circles now seem eagerly to cultivate the idea that the best Supreme Court judges would be those with no marked political opinion or affiliation.

This brings us back to the question about legitimacy: How may we defend a political role for a court staffed with legal-technical experts? In a country where most lawyers are happy with having other lawyers in the Supreme Court and tend to think that law has nothing to do with politics, while the political branches tend to leave the judicial system to the lawyers, that question is not easily raised.

To the extent that the Court takes upon itself at least some of the functions typical for specialised constitutional courts, like the German *Bundesverfassungsgericht*, it is nevertheless important to recall that such institutions have been constructed with a particular eye on decision-making in constitutional matters. For that reason, they are characterised by the presence of a strong proportion of members that have been openly political appointed. Unlike the all too famous system for appointing members of the U.S. Supreme Court, their design supposedly ensures a reasonable degree of political balance. The German system provides just one prominent example.

Such systems rest on the idea that if we want courts to intervene in politics, the task should be conferred upon people that enjoy a minimum of legitimacy from a political point of view. As every judge, they should enjoy complete independence, not acting as representatives of political parties. At the same time, however, their background should ensure a minimum of legitimacy as a (in the broad sense) political actor. If the combination might appear hard to achieve, experience nevertheless shows that a number of leading democracies have succeeded. In the next run, this is likely to enhance the court's latitude for decision-making in sensitive matters of a politico-constitutional character, compared to the space legitimately enjoyed by ordinary judges.

As already mentioned, the government – i.e. an institution of an evidently political character – appoints all permanent members of the Norwegian judiciary. The appointment of the president of the Supreme Court takes place with no previous advice from the lawyer-dominated independent body. By contrast, that body will have preselected literally all the other members of the Court.

Leading members of the Norwegian judiciary nevertheless argue that this is insufficient for ensuring judicial independence. Instead, an independent body, preferably dominated by judges, ought to select the candidates in a way that completely determines the outcome. Among other things, they call upon resolution 12 (2010) of the Committee of Ministers of the Council of Europe on the independence of the judiciary. Insisting on its own applicability for any kind of judges, including judges with constitutional functions, it precisely recommends that a body dominated by judges should have the final word in matters of appointment. Should a political body, by virtue of the constitution, nevertheless possess the last word, its role should be a mere formality with no influence whatsoever on whom to appoint.

In essence, thus, the argument is about ensuring a sufficient level of independence of the judiciary by closing the appointment system even more into the world of jurists. Its proponents act at a time when nobody actually argues that the independence of the Norwegian judiciary is under threat. Instead, they rather tend to point to recent events in Poland or Hungary, insisting that we have to set the guards before similar things happen at home.

To the extent that we endorse such claims, we accept that the uncontested quest for judicial independence can only be satisfied if the legal community has the last word about who should become judge.

I honestly think that this would not be a good system in general: Lawyers are human beings with personal and – more importantly – professional opinions about what is "good" or "bad" and about the proper role of the judiciary in a democratic society. Any system of co-optation tends to produce unhealthy subcultures badly suited for staffing institutions for authoritative decision-making in the society.

The claim for sheltering the judicial appointment system from political influences is further weakened if applied on courts and/or judges with important constitutional functions, as the Council of Europe would like us to do. In a situation where the Supreme Court shows growing appetite for taking upon a genuine political function like general law making, we cannot leave that argument unanswered.

We may highlight the point by asking if Germany should take the appointments to the Bundesverfassungsgericht away from the Bundestag and hand it over to a collegium of (other) jurists (or to the Court itself). To me, the very idea appears as ridiculous in many ways. It is certainly not by hazard that no country with constitutional courts seems to have followed the Council of Europe recommendation about isolating the appointment of constitutional judges from any kind of political influence.

Is leaving the control over the appointments to lawyers really a requirement for the independence of the judiciary? I firmly believe that the best answer is negative. Another example may enlighten the point: Late Justice Nino Scalia of the U.S. Supreme Court, a man that I happened to know, was controversial in many ways. As a person, he was a genuine conservative, a man I was far from agreeing with at any point. The pertinent point, however, is elsewhere: Did his appointment by republican President Reagan and his confirmation by the U.S. Senate hamper his independence on the bench? To me, the answer seems evident: He was genuinely independent. His insistence on certain theoretical positions regarding legal interpretation, etc., was certainly not due to any feeling of debt to Reagan or gratitude to the political actors that allowed him to reach the judicial top.

A famous quotation from James Madison in the Federalist Papers claims that "the permanent tenure by which the appointments are held must soon destroy all sense of independence of the authority conferring them", may help further clarifying our thoughts. The dictum fits well with the idea that if you want to measure a person's independence, it is far less important to know from where you come than where you sit.

Most of us are disposed for doing the best in the position we currently occupy. A much more relevant question for those who – legitimately – are concerned with ensuring judicial independence would rather be which guarantees to provide for keeping judicial positions, a reasonable amount of money before and after retirement, etc. whatever the relevant judges decide.

Summing up, any judge with the ambition of intervening in the genuine political task of general law making should be selected with more than the need for legal-technical skills in mind. This idea has commanded the construction of numerous constitutional courts. The requirement applies even to constitutional judges in systems with no specialisation at this point.

The increasingly active approach to constitutional issues adopted by the Supreme Court of Norway thus creates a particular dilemma: How to combine the need for staffing an ordinary court with people charged with solving typical legal intricacies with the kind of political legitimacy that political experience, preferably combined with some expertise in constitutional law, may provide. Several options are on the table. Complete isolation of the selection procedure from any kind of political influences is not among them.

Thank you for your attention.

www.ingramcontent.com/pod-product-compliance
Ingram Content Group UK Ltd.
Pitfield, Milton Keynes, MK11 3LW, UK
UKHW021854290926
8980IPUK00005B/838

9 783631 826348